公文写作

从新手到高手

银城 ◎ 著

内 容 提 要

本书从公文的原理和概念讲起，逐步深入法定公文及其他文书等实用文体的写作与讲解，涵盖内容主要有公文原理介绍、文秘人员的基本修养、公文处理的基本知识、15种法定公文的写作要领及范文、会务类文书、规章制度类文书、司法类文书、经贸类文书、礼仪类文书的写作要领与范文。

本书内容通俗易懂，写作要领讲解到位、公文范例经典实用，并配有电子资源供下载使用，是一本适合文秘人员常备案头的优秀工具书。本书适合公文写作的入门读者和进阶读者阅读，也适合党政机关、企事业单位行政人员和公文写作爱好者阅读，还适合作为相关培训机构的教材使用。

图书在版编目(CIP)数据

公文写作从新手到高手 / 银城著. -- 北京：北京大学出版社, 2025.9. -- ISBN 978-7-301-36467-3

Ⅰ. H152.3

中国国家版本馆CIP数据核字第20256M093M号

书　　　名	公文写作从新手到高手
	GONGWEN XIEZUO CONG XINSHOU DAO GAOSHOU
著作责任者	银　城　著
责 任 编 辑	刘　云　蒲玉茜
标 准 书 号	ISBN 978-7-301-36467-3
出 版 发 行	北京大学出版社
地　　　址	北京市海淀区成府路205号　100871
网　　　址	http://www.pup.cn　　新浪微博：@北京大学出版社
电 子 信 箱	编辑部 pup7@pup.cn　　总编室 zpup@pup.cn
电　　　话	邮购部 010-62752015　发行部 010-62750672　编辑部 010-62570390
印 刷 者	天津中印联印务有限公司
经 销 者	新华书店
	787毫米×1092毫米　16开本　15.25印张　262千字
	2025年9月第1版　2025年9月第1次印刷
印　　　数	1-4000册
定　　　价	69.00元

未经许可，不得以任何方式复制或抄袭本书之部分或全部内容。
版权所有，侵权必究
举报电话：010-62752024　电子邮箱：fd@pup.cn
图书如有印装质量问题，请与出版部联系，电话：010-62756370

序言

文章千古事，得失寸心知
——如何写出令人满意的公文

《党政机关公文处理工作条例》（以下简称《条例》）第一章总则，共七条，明确规定了制定《条例》的目的、适用范围、党政机关公文的概念和作用、公文处理工作的概念和原则、党政机关公文处理的机构和职责。可以从三个方面概括公文的内涵：首先，公文姓"公"，是公务文书的简称，它是统治阶级管理国家、处理公务时使用的书面文字工具，历史上也称"官文书""公牍"；其次，公文相较于其他文字材料，尤其是与文章相比，具有鲜明的政策性、权威性、时效性和规范性特点；最后，公文具有不可替代的作用，包含领导和指导、规范和约束、宣传和教育、依据和凭证、沟通和联系、组织和协调六大作用。

1. 公文是一门"大学问"

据考证，《尚书》是我国现存最早记录历史事件及官方文书（如周初分封诸侯时颁布的文诰）的典籍。《三国志》又载："辄白曹公，公文下郡，绵绢悉以还民。"可见，公文是治国理政的重要载体和手段。自古至今，古圣先贤、仁人志士流传著作甚广，往往包含奏折、批牍等公文，如李斯的《谏逐客书》、贾谊的《陈政事疏》、诸葛亮的《出师表》、王安石的《上仁宗皇帝言事书》等，这也足以证明公文包含着治国理政、为人处世的"大学问"。最具说服力的莫过于古代的科举制度，即通过"写文章"来选人用人的制度设计，将公文推向登峰造极的地位。

公文在古代政治生活中发挥着重要作用，这种对公文的重视传统在一定程度上也延续到了近现代。中国共产党无论是在成立之初，还是在执政之后，历来重视公文写作，将其视为一种重要的领导方式和工作方式，而且往往将文风与党风政风联系起来，认为文风普遍较好的时候党风政风也好，反之则党风政风有需要改善的地方。毛泽东同志曾撰写了《反对党八股》等文章来专谈公文的写作问题，其重视程度可见一斑。

2. 公文是一门"技术活"

写好公文不易，写出令人满意的公文何其难哉？不懂公文写作的人，常站在门外说：千古文章一大抄，看你会抄不会抄！错了，懂公文写作的人，从事公文写作工作的人，他们深知"文章千古事，得失寸心知"。为文乃寂寞之道，千古之事，很难与外人道也。所谓"知者不言，言者不知"。对于从事公文写作的人员来说，公文是一门"技术活"，其技术含量主要体现在以下三个方面。

一要熟谙书面表达方式。公文写作有写得好和写得不好之别，但前提是会写与不会写之分。这种通过书面精准表达的本事，绝非一日之功。套用史蒂芬·平克最著名的表述："写作之难，在于把网状的思考，用树状结构，体现在线性展开的语句里。"也就是说，书面表达难在把零散思绪整理成逻辑框架，再转化成连贯文字。公文处理是行政的一种重要手段。换言之，公文写作的本质实为行政行为，而非单纯的文字工作，需以行政思维主导行为逻辑与表达方式。因此，对于从事公文写作的人员来说，不仅要具备文字功底，还要熟悉行政流程与政策语境，这对专业素养提出了更高的要求。这也解释了为何部分名校中文系毕业生进入机关从事文秘工作的，需先摒弃书生气，扎实学习公文规范。

二要熟练掌握各种类型公文写作技能。如今 AI 兴起，ChatGPT 横空出世、DeepSeek 方兴未艾，但公文写作依然无法被完全替代。熟练掌握公文写作技能，将接触到的各类公文弄懂写通，从"写作菜鸟"向公文写作高手迈进，既不能一蹴而就，也并非遥不可及。"合抱之木，生于毫末；九层之台，起于累土；千里之行，始于足下"。无论多大的"笔杆子"，积累公文写作的基本知识既是首要的，也是必要的。只有经过一段时间的学习和写作实践，将这些基础知识内化为习惯，才能做到孔子所说的"学而时习之，不亦说乎"。如果没有达到这个地步，那就需要"为学日益"。任何一门"手艺"皆是如此，你只看到徐悲鸿画的精神抖擞、豪气勃发的马，却不知道人家费了多少纸，秃了几许笔，方才有这般功夫。

三要熟悉本系统本单位机关运行和文电指导规律。撰写公文的基本原则是：公文处理是行政手段，公文写作是一项代人行文的工作，公文的作者是行政机关而不是起草文稿的公文写作人员。因此，公文写作的关键在于提高政治站位，以恰当的视野和身份（本机关在行政体系中的角色）来行使行政职能，实施公共决策和管理。与此相适应，公文写作人员就要站在上述角度，完成公文起草这一"上篇文章"的工作，同时上报或下发公文来报告落实或指导落实"下篇文章"。

3. 公文是一门"通识课"

在机关工作，会写公文材料是必修课、必备技能，也是必要的工作方式。领导往往对那些会写公文材料的人更加重视，高看一眼、厚爱三分。因此，机关办公室里的"笔杆子"领会领导意图快、写公文材料快、提拔速度也快。当然，其他部门也需要"笔杆子"，需要上传下达公文。从这个角度讲，公文是一门"通识课"，人人要会。

凡事在练。只要我们掌握正确的训练方法，再辅之以刻苦努力的练习，谁都能成为一名受人尊重的"笔杆子"，甚至是"大手笔"。

通识课人人可学，公文写作自有其"道"。有些"道"摆在明面，一望而知，如公文的种类、公文的格式、公文中的固定用语等；有些"道"则蕴含其中，非经过较长时间的学习和写作实践不能掌握，如公文的语言分寸感、写作角度选择等。

但不管是明面的，还是暗里的，只要有心"悟道"，通过领导指导、工作推动、自己领悟，初学者了解并掌握公文写作规律，再辅之以公文写作实践，完全掌握公文写作这门"通识课"是必然的，就像登上泰山一览众山小一样。

硅谷投资人，人工智能、语音识别和互联网搜索专家，畅销书作家吴军说过一句话："如果一辈子只学一门课，那就应该是语文。"笔者套用一下："如果在机关工作只掌握一项技能，那就应该是公文写作。"写好公文和写好文章一样，唯有多读多写两条路。舍此，别无他途。

要点一：写好公文要多读

众所周知，伟大领袖毛泽东同志博览群书。他博古通今、学富五车，领导创建了新中国，展现出"敢教日月换新天"的豪迈气概。多读正是毛泽东同志写出好文章、好诗词，甚至好公文的基础。他的诸多名作流传至今，风行后世，堪称典范。读是写好公文的基础和第一级台阶，写好公文要研读大量的上级公文，涵盖从中央到省，再到县（区）的各级文电。

首先，要读权威媒体刊发的原文。比如，2024年7月15日至18日召开了党的二十届三中全会。2024年7月18日会议结束，通稿刊发的是《中国共产党第二十届中央委员会第三次全体会议公报》（下文简称《公报》），7月21日刊发《中共中央关于进一步全面深化改革 推进中国式现代化的决定》（下文简称《决定》）和《关于〈中共中央关于进一步全面深化改革、推进中国式现代化的决定〉的说明》（下文简称《说明》）。那么，无论哪一级贯彻落实三中全会实施方案，都必须以此为基准、标杆和样板，然后与本级职责和实际工作相结合，形成本级的方案。其中，权威的媒体当属《人民日报》和新华社发布的通稿。

其次，要读系列社论和相关报道。比如，《人民日报》在刊发《公报》《决定》《说明》后，于2024年7月22日第5版刊出《为中国式现代化提供强大动力和制度保障——从党的二十届三中全会决定看进一步全面深化改革聚力攻坚》，由新华社记者采写，文章从十四个方面高度概括了决定的精华内容，是理解前面三个文件的"精编版"，读之豁然开朗，用之信手拈来。细心的公文写作者会密切跟进党中央大报大刊的解读文章。比如，2024年7月20日《人民日报》刊发的《新征程上的一份纲领性文件——党的二十届三中全会侧记》一文，对于全面深入了解三中全会精神大有裨益，观点和事实均可以在拟写宣讲提纲、实施意见和体会感受时直接引用，甚至成为画龙点睛之笔。

最后，要读专家学者的署名评论文章。比如，穆虹于2024年7月26日在《人民日报》发表题为《深入学习贯彻习近平总书记关于全面深化改革的一系列新思想、新观点、新论断》的文章，江金权于2024年8月14日在《人民日报》发表题为《紧紧围绕推进中国式现代化进一步全面深化改革》的文章，读之、思之、用之，更有助于理解和把握三中全会精神。

要点二：写好公文要多练

"写作是写作的唯一老师"，写好公文更需在公文上练。练什么？公文写作者要熟练掌握《党政机关公文处理工作条例》《党政机关公文格式》。新手照着写、仿写；高手则需要往深里写，往实里写，将每篇公文打造成精品。多练的前提是完成初稿，这是所有公文写作者的必经之路。从这个意义上讲，新手和高手虽有着共同的起点，但决定差距的关键在于后面的修改和润色环节。判断一份材料出自新手还是高手，一看定稿便知。

从初稿形成到定稿仿佛在跑一场马拉松：既要对标题、结构、段落、逻辑顺序进行调整，又要对句、词、字和标点符号的使用进行精雕细琢。每一次修改都是对作品的否定和提升，如同攀登台阶，一级级向上，直到修改完毕，最终定稿。领导审核通过，方成正稿。"一篇公文究竟要修改多少遍？"答案是直到领导满意为止。公文的修改过程，需要秉持"工匠精神"，一遍又一遍超越自我，最终达到公文"浑然一体、自然天成"的效果。

中国文学家、思想家、革命家鲁迅先生曾提醒人们："写完后至少看两遍，竭力将可有可无的字、句、段删去，毫不可惜。"他的小说《肥皂》发表时7000字左右，再版时修改达145处之多，这种精益求精的精神令人钦佩。

修改公文是有方法可循的，归纳起来就是"减字、去陈言、变顺序"。减字，就是鲁迅先生所说的"竭力将可有可无的字删去"，如"的""地""得""进行"等字词，细看完全多余，删去后更精练、更紧凑；去陈言，取自韩愈的观点"陈言务去"，主张摒弃陈词滥调巧用新词出新意，旧词显沉闷，新词则令人耳目一新，可读性强；变顺序，实际上是梳理逻辑脉络，将大小标题理出先后顺序，并将内容与标题一一对应，避免出现逻辑不清、文不对题、内容杂乱无章的问题。

前言

2012年4月,中共中央办公厅、国务院办公厅印发《党政机关公文处理工作条例》(下文简称《条例》)。《条例》第一章总则第三条明确指出:"党政机关公文是党政机关实施领导、履行职能、处理公务的具有特定效力和规范体式的文书,是传达贯彻党和国家的方针政策,公布法规和规章,指导、布置和商洽工作,请示和答复问题,报告、通报和交流情况等的重要工具。"党的十八大以来,又先后出台《十八届中央政治局关于改进工作作风、密切联系群众的八项规定》和《中央八项规定实施细则》,其中对各类文件简报的质量和时效提出明确要求。由此不难看出,公文写作规范日益严格,标准要求越来越高,文件简报的数量、质量和时效不仅直接关联党风、政风和工作作风,还影响民风世风。除党政军警机关外,企事业单位、社会团体等也应参照《条例》执行。

公文写作是各级各类机关人员都必须掌握的技能,即"办文"。因此,熟练掌握不同种类公文写作的基本结构、相关要求、写作规范和注意事项,已成为一名合格的机关人员必须具备的能力。

为使广大党政机关、企事业单位、社会团体的工作人员快速上手不同种类公文的写作规范和技巧,提高公文写作质量,本书从《条例》所规定的公文基本常识及15种法定公文的撰写方法讲起,对党政机关公文、会务类文书、司法类文书、经贸类文书、礼仪类文书等详细讲解,并附有大量范例,特别是将各类公文的格式以列表的形式呈现,实现随用随查、即查即用。

本书语言深入浅出、通俗易懂,内容翔实并辅以大量范例,覆盖面广,能满足多行业、多岗位公务人员的日常工作写作需求,是一本不可多得的公文写作百科全书式工具书与实务指南。本书适合公务员、党政机关文秘人员、企事业单位职员及备考公务员的学生学习与参考。

  本书所列文体格式标准，一看就懂、一点就通、即学即用，能够帮助读者快速有效地提高公文写作水平。衷心希望本书能为广大机关工作人员及公文写作爱好者提供高质量的帮助，助力读者提升写作水平和质量。由于作者水平有限，书中难免存在疏漏，真诚地希望大家提出宝贵意见。

温馨提示：

  本书赠送资源已上传至百度网盘，供读者下载。读者可用微信"扫一扫"功能扫描封底二维码，关注微信公众号，输入本书77页资源下载码，根据提示获取下载地址及密码。

目录

上篇
公文写作基本常识

第1章 如何认识公文 2
    1.1 公文是行政行为的载体 3
    1.2 公文为什么姓"公" 5
    1.3 公文的作用有哪些 6
    1.4 公文的语言要求有哪些 7

第2章 文秘人员的基本修养 10
    2.1 如何利用"成三原则"快速成文 11
    2.2 如何夯实公文写作的"三个基本功" 15
    2.3 如何靠"四招"练成公文高手 18

第3章 公文处理基本知识 22
    3.1 条例的适用范围 23
    3.2 公文的格式规范 23

3.3 行文方向 26
3.4 公文行文规则 26
3.5 公文的拟制程序 27
3.6 公文的办理程序 28
3.7 公文的管理制度 30
3.8 公文的用纸与印刷装订 31

中篇

法定公文写作要领及范例

第4章 决议的写作 34
4.1 决议的含义、种类及适用范围 35
4.2 决议的写作要领 35
4.3 决议的写作模板及范例 36

第5章 决定的写作 39
5.1 决定的含义、种类及适用范围 40
5.2 决定的写作要领 40
5.3 决定的写作模板及范例 41

第6章 命令（令）的写作 45
6.1 命令（令）的含义、种类及适用范围 46
6.2 命令（令）的写作要领 46
6.3 命令（令）的写作模板及范例 47

第7章 公报的写作 ... 49

- 7.1 公报的含义、种类及适用范围 ... 50
- 7.2 公报的写作要领 ... 50
- 7.3 公报的写作模板及范例 ... 51

第8章 公告的写作 ... 56

- 8.1 公告的含义、种类及适用范围 ... 57
- 8.2 公告的写作要领 ... 57
- 8.3 公告的写作模板及范例 ... 58

第9章 通告的写作 ... 62

- 9.1 通告的含义、种类及适用范围 ... 63
- 9.2 通告的写作要领 ... 63
- 9.3 通告的写作模板及范例 ... 64

第10章 意见的写作 ... 68

- 10.1 意见的含义、种类及适用范围 ... 69
- 10.2 意见的写作要领 ... 69
- 10.3 意见的写作模板及范例 ... 70

第11章 通知的写作 ... 73

- 11.1 通知的含义、种类及适用范围 ... 74
- 11.2 通知的写作要领 ... 74
- 11.3 通知的写作模板及范例 ... 75

第12章 通报的写作 ... 80

- 12.1 通报的含义、种类及适用范围 ... 81
- 12.2 通报的写作要领 ... 81

12.3 通报的写作模板及范例 82

第13章 报告的写作 88

13.1 报告的含义、种类及适用范围 89
13.2 报告的写作要领 89
13.3 报告的写作模板及范例 90

第14章 请示的写作 95

14.1 请示的含义、种类及适用范围 96
14.2 请示的写作要领 96
14.3 请示的写作模板及范例 97

第15章 批复的写作 99

15.1 批复的含义、种类及适用范围 100
15.2 批复的写作要领 100
15.3 批复的写作模板及范例 101

第16章 议案的写作 104

16.1 议案的含义、种类及适用范围 105
16.2 议案的写作要领 105
16.3 议案的写作模板及范例 106

第17章 函的写作 108

17.1 函的含义、种类及适用范围 109
17.2 函的写作要领 109
17.3 函的写作模板及范例 110

第18章 纪要的写作 ... 112

18.1 纪要的含义、种类及适用范围 ... 113
18.2 纪要的写作要领 ... 113
18.3 纪要的写作模板及范例 ... 114

下篇
其他文书写作要领及范例

第19章 会务类文书写作要领及范例 ... 118

19.1 主持词 ... 119
19.2 开幕词 ... 122
19.3 闭幕词 ... 125
19.4 总结 ... 127
19.5 调查报告 ... 129
19.6 计划 ... 132
19.7 工作要点 ... 135
19.8 座谈会纪要 ... 137
19.9 会议报告 ... 138
19.10 简报 ... 140

第20章 规章制度类文书写作要领及范例 ... 142

20.1 章程 ... 143
20.2 办法 ... 145
20.3 制度 ... 146
20.4 规定 ... 148

20.5 规则 151

20.6 细则 153

20.7 条例 155

第21章 司法类文书写作要领及范例 159

21.1 起诉状 160

21.2 答辩状 166

21.3 行政复议申请书 168

21.4 财产保全申请书 170

21.5 证据保全申请书 172

21.6 民事再审申请书 173

21.7 国家赔偿申请书 175

21.8 上诉状 177

21.9 委托书 178

21.10 收条 180

21.11 协议书 181

第22章 经贸类文书写作要领及范例 183

22.1 合同 184

22.2 催款函 186

22.3 询价函 188

22.4 报价函 189

22.5 订购函 191

22.6 理赔函 192

22.7 索赔函 194

22.8 合作意向书 195

第23章 礼仪类文书写作要领及范例 199

- 23.1 邀请函 200
- 23.2 聘书 201
- 23.3 解聘书 202
- 23.4 感谢信 204
- 23.5 公开信 206
- 23.6 表扬信 208
- 23.7 慰问信 210
- 23.8 倡议书 212
- 23.9 贺电 214
- 23.10 讣告 216
- 23.11 介绍信 218
- 23.12 推荐信 219
- 23.13 批评信 222
- 23.14 悼词 223
- 23.15 唁电 225

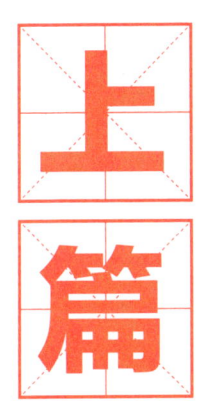

上篇

公文写作基本常识

第1章
如何认识公文

1.1	公文是行政行为的载体	/ 3
1.2	公文为什么姓"公"	/ 5
1.3	公文的作用有哪些	/ 6
1.4	公文的语言要求有哪些	/ 7

公文是党政机关、企事业单位等组织和机构使用的文字材料，是各类公务文书的简称。根据文件沿革，2012年中共中央办公厅、国务院办公厅印发《党政机关公文处理工作条例》（下文简称《条例》），该《条例》第四十二条明确规定："1996年5月3日中共中央办公厅发布的《中国共产党公文处理条例》和2010年8月24日国务院发布的《国家行政机关公文处理办法》停止执行。"可见，2012年新《条例》颁布前，党政机关各自执行不同的公文处理规定。2012年4月，中共中央办公厅、国务院办公厅印发通知，推动党政机关公文处理规定合二为一。同时，该《条例》第四十条进一步明确："其他机关和单位的公文处理工作，可以参照本条例执行。"这体现了《条例》作为总依据的地位，标志着公文正式以条例法规的形式成为党政机关行政行为的载体，其适用范围涵盖党政军警、企事业单位、社会团体等各类组织和机构。

1.1 公文是行政行为的载体

关于公文定义，《条例》已作明确规定：公文是各级党政机关、社会团体、企事业单位在行政管理活动或处理公务过程中，按照严格的、法定的生效程序和规范制定的具有传递信息和记录作用的文书。简言之，公文是行政行为的载体。公文的作用主要体现在信息的传递、命令的执行、事务的处理、历史的记录等方面，是组织内外沟通的重要桥梁。

1.1.1 文书行政传统的形式

公文的特征有两个：一是特定效力；二是规范体式。在中华民族五千多年的伟大进程中，文书的历史可以追溯到夏商周时期。《尚书》中有关于文书的最早记载；"文书"一词初见于《三国志》，而"公文"一词最早见于《后汉书·刘陶传》，文书与公文只是两个不同的称谓。大一统中央集权后，秦汉加强了行政管理，遂产生了文书行政，最典型的体现莫过于诏书。

所谓文书行政，简单地说，就是上级通过文书下达命令，下级用文书向上汇报的行政制度。反过来说，文书行政进一步巩固和完善了秦帝国以郡县制为主的中央集权统治制度。汉承秦制，依然采用文书行政的办法。王充在《论衡·别通》中认为:"汉所以能制九州者,文书之力也。以文书御天下。"秦汉以后,无论朝代如何更迭,文书行政不但没有被废止,反而在体制机制上不断完善,甚至在政治伦理及观念上深入人心。中华人民共和国成立后,我国先后颁布过多个规范公文处理的党内法规和行政法规,这足以证明文书行政的合理性和必要性。

1.1.2 公文是"政事之先务"

文以载道,文达则政通。南北朝著名文学理论家刘勰曰:"章表奏议,经国之枢机",并认为公文是"政事之先务"。公文的行政作用和重要性可见一斑。

结合我国文书行政的历史传统,我们可以进一步认为,公文是行政的载体。载体虽也可被视为工具,但其自身具有一定的主观能动性,公文代表着机关这一法律拟制的"人"的思想和智慧,不能完全等同于我们使用的工具。同时,工具往往可以取舍,载体却是安身立命的所在,地位自然不可同日而语。

从公文草拟到实施的动态过程来看,公文的本质特征确因行政而起,以满足"传达贯彻党和国家的方针政策,公布法规和规章,指导、布置和商洽工作,请示和答复问题,报告、通报和交流情况"的需求,显然公文是一个行政行为的过程。

如果没有公文这个行政载体,要"传达贯彻党和国家的方针政策,公布法规和规章,指导、布置和商洽工作,请示和答复问题,报告、通报和交流情况"定难展开和运行,国家机器、政府行为难以运转。将公文视为行政的重要工具的根由就在这里。但详细考察会发现,"工具说"忽略了公文两个字里面所包含的动态的东西,即公文从决定行文、起草、修改、直到签发是一个动态的过程,在这个过程中,每一个步骤都不是单纯的"做文章",而是行政本身,"政事之先务"。

1.1.3 公文为行政决策服务

在公文不断演变和规范的过程中,逐步形成"以文辅政,服务决策"之效。不妨问问:是否需要行文或者讲话?行文或者讲话要达到什么目的?公文中包含哪些决策?如何实施这些决策?讲话中要强调哪些问题?强调到何种程度?这些问题是拟制公文要解决的问题,更是行政需要解决的问题。公文起草过程中,文秘人员与领导之间的请示汇报,以及指示修改关系,本身就是行政决策的过程,甚至是行政本身。这一系列的过程无不包含着行政的权力义务关系和行政的法律后果,绝不只是单纯的公文写作和公文修改而已。

研究和学习公文，需要把这一层隐含的东西揭示出来，才能更深入地认识公文及公文写作的本质特性。明确了这一点，我们才能更好地理解公文的目的在于达到预期的行政效果，而不是单纯地写好公文；才能明白在公文起草过程中，为什么领导总是比文秘人员"高明"，其"高明"之处在于领导所处的地位以及决策的权力，而不是两者理论修养和文字水平高下的问题；也才能找准自己的站位，更好地服务于领导及本机关的行政管理工作。

1.2 公文为什么姓"公"

公文姓"公"，既简单又复杂。说它简单，是因为不论在法理上还是学理上，公文的作者都是发文的机关。说它复杂，是因为相当一部分从业者不明白"公文的作者是发文的机关"这句话的含义，以及究竟意味着什么。

其一，党政机关既然是"法人"（即法律拟制的"人"，具有法律上的"人格"），那么它有其相对独立的"意志"，能够作出相应的意思表示，也在法律的框架内享有权利，行使权力，承担其法定的责任和义务。从这个意义上讲，党政机关理所当然是公文的作者，而且也只有像党政机关这样的法人，才能成为公文的作者，因为"公家"的公文，天然区别于自然人陈述个人观点、表达个人情感等的"文章"。

其二，公文姓"公"，自古亦然。曹丕在《典论·论文》中更将"公"的属性上升为"经国之大业，不朽之盛事"。现代社会，公文是政府管理国家的重要工具之一，其特征与文章和其他文字材料大相径庭，具有真实的政策性、法定的权威性、鲜明的时效性、处理流程的规范性。公文可以广泛应用于公对公的所有场景，比如，国与国致贺电，召开会议通知，下级向上级单位请示报告等。

其三，公文讲规矩、有规范。当今社会，公文姓"公"的含义，是《条例》的颁布实施，即公文必须遵循一定的规矩和标准。这里的"公"，除代表了公共和官方的性质之外，还强调了公文需要按照既定的格式、结构和语言来撰写。然而"法人"毕竟只是法律拟制的"人"，是法律意义上的人，不是生物学或物理学意义上的人，它没有理性、意志和情感，当然也就没有自行决策和行政的能力，党政机关作为公文作者的权能最终还得靠自然人（机关工作人员）来行使。正是因为有这样一种特殊性，在公文起草和公文处理的过程中，时常有人公私不分，不能准确地理解公文的作者是机关这个问题。把这个公私的问题弄清楚，明白公文的作者是机关而不是个人，就成了我们讨论公文写作问题的重要逻辑起点。

公文的作用有哪些

公文在公务活动中扮演着多重重要角色。纵观近年来公文，可总结出六大作用，这些作用共同构成了公文在公务活动中的核心地位，使其成为不可或缺的工具。特别是在推进国家治理体系和治理能力现代化进程中，公文作为治国理政的重要载体，其功能价值不断被赋予新的时代内涵。在数字化转型背景下，电子公文系统进一步强化了跨域协同与智能辅助功能。深入剖析公文的多维效用，不仅有助于提升行政效能，更能为构建中国式现代化话语体系提供参考。

1.3.1 领导和指导作用

公文是上级机关对下级机关进行领导和指导的重要工具，体现的是党和政府的意志。

上级机关通过制发公文，传达党的路线方针政策，颁布国家的法律法规，组织开展各种公务活动，责成下级机关严格按照所发公文的要求，采取切实有效的措施予以贯彻落实。

上级机关制发的公文不一定都具有指令的性质，有的只对本行业、本系统的业务工作提出原则性的指导意见，要求下级机关结合本地区、本部门的实际情况创造性地贯彻执行。

1.3.2 规范和约束作用

在党政机关公文中，有相当一部分具有法规的性质，如命令（令）、决定等。这类公文是一定范围内人们行动的准则或行为的规范，具有明显的规范和约束作用，一旦生效，就必须遵照执行，不得违反。

1.3.3 宣传和教育作用

党政机关制发的许多重要公文，在作出工作部署、提出贯彻要求的同时，往往要分析国际国内形势，阐明党的理论和路线方针政策和国家的法律法规，对广大干部群众进行宣传教育，以便统一思想认识，增强贯彻执行的自觉性。一些公文，如表彰性或批评性的通报，本来就是为了达到宣传教育的目的而制发的，其宣传教育作用更为突出。

1.3.4 依据和凭证作用

公文作为处理公务的专门文书，反映了发文机关的意图，具有法定的效力，是收发机关作出决策、处理问题、开展工作的依据和凭证。如上级机关制发的公文（决议、决定、批复、通知），是下级机关组织开展工作的依据和凭证；下级机关制发的公文（请示、报告、意见），是上级机关制定决策、指导工作的依据和凭证；同级或不相隶属机关制发的公文（函），是彼此之间交流情况、商洽工作的依据和凭证。

1.3.5 沟通和联系作用

党政机关、企事业单位、人民团体或其他法定的社会组织，都要通过制发公文联系和商洽工作，传递和反馈信息，介绍和交流经验。正是在各种纵向、横向的联系和沟通中，上情得以下达，下情得以上报，思想认识得以统一，各项工作能够正常有序地开展。

1.3.6 组织和协调作用

不仅是上级机关可以通过决定、通知等公文向下级机关下达命令、意见、决议，进而指导和指挥下级机关的工作，下级机关同样也可以通过请示、报告等方式向上级机关表达自己的想法。当下级机关在工作过程中遇到或发现问题时，可以向上级机关报告情况并征求解决意见，从而有利于工作的推进。

公文的协调作用更为重要，可以协调各个机关和组织之间的关系，让它们能够和谐、有序地推动社会发展。

1.4 公文的语言要求有哪些

公文写作，语言功夫是最重要的。如果语言功夫不到家，就很难写出高质量的公文。这也是为什么材料高手往往出自略通文字、有写作天赋且具有耐性、坐得住的人当中。

公文语言要满足真实、准确、严谨、简洁、生动这五个要求。

1. 真实

习近平同志曾专门指出,要用真理说服人、用真情感染人、用真实打动人。真实是新闻的生命,真实也最有力量。因此,公文写作类似于新闻报道,都强调真实性。

真实的用语是公文写作的基础,是一个公文撰写者必备的职业技能,是公文写作中"牵一发而动全身"的基本要求。

公文材料,必须真实展现真实事件,不能杜撰和编造。因此,撰写公文材料,通常"三不写":内容不真实的不写,材料没落实的不写,了解不清楚的不写。

再者,公文中引用的材料要真实可信,公文中提及的工作要真落地,公文中提供的数据要准确。

2. 准确

公文写作最大的特点是用语准确精练,实事求是。准确,主要看公文用语和格式内容的表述是否精准、确凿。一篇优秀的公文,其遣词造句应特别精到,往往一字具有千钧之效。

这方面,要多研读《人民日报》《求是》上的文章。必须准确、透彻地理解文章标题的意图,学习如何做到选取的角度能准确地聚焦核心要点。例如,仲祖文的《党员干部要站在抗震救灾第一线》《理想信念是攻坚克难的不竭动力》《破格提拔干部要从严》等标题,就是准确地聚焦中心思想落笔纵论。

3. 严谨

在处理公务时,应该保持公正的立场和严肃的态度,这些要求在公文中应得到充分体现。

怎样才能让公文的表达显得严谨呢?应少用口语、不用方言,多用陈述性的语言、少用描绘性的语言。

在行文的过程中,要保持逻辑性,前后内容不能相互矛盾,全文要做到严谨周密。

公文的严谨性往往体现在材料和语言的修改中。要问一下自己:内容表达是否严谨?数据、事例等是否真实准确?要坚持问题导向,所提及的问题是否具体到人和事，且与事实是否相符？在此基础上，还需核查细节：文字有无错漏？语句是否通顺？格式、排版及页码是否规范等。

4. 简洁

公文宜短不宜长。公文的内容应简明扼要，让人能够直截了当地明白其中传达的意思，要做到言之有物、简而不空。

因此，在写作公文前就要了解公文的核心思想和目的，并整理出公文的重点，才能做到成竹在胸。

简洁往往也是修改出来的。一篇公文要修改数遍，甚至十几遍、二十几遍，才能逐级过关，这个修改过程，正是看文章内容是否简洁高效、直扑主题、一针见血。

例如，在战争年代，毛泽东同志起草的很多公文都极为精练，古田会议的决议更是简洁明了。习近平同志也反复提倡讲短话、写短文。

5. 生动

公文写作通常具有朴实且严谨的特点，但这和文字的生动性并不冲突。

在保证真实且具有权威性的前提下，公文语言的生动性主要表现在，向受众传达一种富有创造力的精神，而不是单纯地通过辞藻堆砌来彰显文采。

判断公文语言是否生动，关键在于受众是否能够听得懂、记得住。就像白居易写诗时，常会请老妪试听，以确认诗句是否通俗易懂。生动的语言让人叹为观止、记忆犹新。

那么，生动从哪里来？从"四下基层"中来。我们党的智慧从群众中来，做文字工作搞闭门造车是出不了精品的，必须把触角伸到基层、伸到一线，掌握生动具体的实情实例，只有这样写出的公文材料中才能生动有趣，令人过目不忘、耳目一新。

第 2 章
文秘人员的基本修养

- **2.1** 如何利用"成三原则"快速成文 / 11
- **2.2** 如何夯实公文写作的"三个基本功" / 15
- **2.3** 如何靠"四招"练成公文高手 / 18

2.1 如何利用"成三原则"快速成文

大千世界,文无定法;公文写作,有据可循。

人的愿景是好的,但有时选对方法很重要!笔者曾遇到一位在机关工作了30年的资深人员,其不仅未能掌握计算机操作技能,公文写作水平亦长期停滞于浅层,最终以普通职员身份退休,实为憾事。方法不得当,付出再多亦难见效。

那么问题来了:一个公文写作者,尤其是刚入行的新手,怎样才能掌握正确的写作方法?这就好比过河需先备好舟楫,而公文写作的通用秘诀正是"成三原则"。一旦熟练掌握并运用自如,写公文时便能一通百通。

2.1.1 什么是"成三原则"

"成三原则"是指在阐述观点、展开论述或布置任务时,将内容划分为三个部分,形成逻辑严密、层次分明的表达框架。这种结构不仅有助于读者更好地理解和接受信息,还能增强表达的权威性和说服力。"无三不成文"是行文的基本规则。这是古今中外的共识。

英国顶级演讲撰稿人西蒙·兰卡斯特曾说过,您可以在任何地方使用"成三原则"。如果您是一名教师,您可以把课堂教学分成三部分;如果您是推销员,您可以用"成三原则"来描述产品;如果您是会计,您可以用"成三原则"来总结一年账户中的关键操作点。

所以,每位写作者一定要牢记"成三原则",它能让写作事半功倍。

日本作家西村克己在《逻辑思考力》中写道:"人们在轻松的状态下一次性能够记忆的信息点是三个左右。如果是三个左右的事物,记忆起来没有什么负担。如果别人对我说'今天,我们需要记忆的东西有三个',我们可能会感觉能够记下来。但如果说'今天我想向大家讲的内容包括二十点',我们就会感觉'不可能记住的'。"

他还进一步归纳如下要点:"将信息点归纳为三个左右,会减轻自己和对方的负担。""将说话内容总结为三个左右的信息点就能更好地理解。"

另外一本写作宝典《一本小小的红色写作书》也这样强调:"在写作中,'三'是个神奇的数字。写作时,你只需思考围绕三个关键观点或概念来构建你的文章。"

归纳起来:文章结构通常包含开头,正文和结尾三个部分;正文部分通常包含三个或更多的主要观点。记住"三"的妙用,比你埋头苦干更有成效。

2.1.2 怎么运用"成三"方法写好一篇文章

古代文章"三分法",恰当喻为"凤头、猪肚、豹尾"。寻根究底,元代陶宗仪《南村辍耕录》有云:"作乐府亦有法,曰凤头、猪肚、豹尾六字是也。"意为起要美丽,中要浩荡,结要响亮。

开头写成"凤头",好看、精彩、吸引人;中间写成"猪肚",丰富、充实、容量大;结尾写成"豹尾",简洁、有力、给人以力量。

1. 开头

开头要写成"凤头",要做到三个字:新、奇、特。

(1)新,就是观点要新颖别致,别人看了耳目一新。

比如,欧阳修写《醉翁亭记》。第一句前前后后改了几十次,写了很多内容,但是总感觉不满意,最终用一句话高度概括:"环滁皆山也。"一句话提纲挈领,高度浓缩,给读者以一种代入感、简洁感,吸引你往下看、往下读。这就是凤头的力量,体现了高手的水平。

(2)奇,就是与众不同,说出别人想说没说出的东西,你自己区别于别人的东西。

比如,鲁迅先生的名篇《秋夜》。开头是这样写的:"在我的后园,可以看见墙外有两株树,一株是枣树,还有一株也是枣树。

"这上面的夜的天空,奇怪而高,我生平没有见过这样奇怪而高的天空。他仿佛要离开人间而去,使人们仰面不再看见。"

有的读者理解不了,认为直接说"两株枣树"不就行了,何必分开写呢?但事实并非如此。鲁迅先生作为文学大家,之所以这样写,是因为这样写能带来一种画面感,有一种场景的转换,接着后面引出天空。看看,多么奇绝的写法!

(3)特,就是特别、特殊、有特点。你不能起笔就平塌塌、软绵绵的,不能把好词好句都放在后面。

在如今碎片化阅读的时代,人们看不到好标题,都不看内容;看到了好标题,才决定读下去。开头写不好也是一样,关系到读者是否继续读下去,读者买不买账!

分析公众意见领袖的文章可以发现,这些文章开头往往新颖别致,既能让读者轻松且饶有兴趣地持续阅读,又能引发情感共鸣,这就是文章开头的力量!创作者把功夫下在吸引受众注意力和突出内容特色之上,通过精心设计的开篇使读者对后续内容产生期待,这种结构性处理决定着文章的整体传播效果。

2. 行文

文章中间要写成"猪肚"。猪肚,顾名思义,非常能装。猪肚主要是围绕文章的主题和第一部分来写的,是文章开头的延续、解释和说明。

以现在的自媒体文章为例,主要有三种惯用写法。

第一种写法,分成三到四个部分,每个部分先说明观点,再举个恰当的事例,最后提炼金句,以引起共鸣。现在的公众号文章,很多都是这个套路。

第二种写法,是指将事件叙述清晰后,通过第一部分自然过渡到第二部分的故事,随后在第二部分中采用相似叙述方式展开情节,做到详略得当,突出重点。以鲁迅先生的《一件小事》为例,这篇文章最突出的特点是将一件小事写得生动、思想性强。文中绝大部分内容用来叙述这件事、剖析自我精神,以及对人民大众的同情。

第三种写法,类似于乔布斯的演讲故事。将三个故事集中叙述,读者在按顺序聆听这些不同故事的过程中,能够保持浓厚兴趣,从而有效吸引其注意力。

3. 结尾

结尾要写成"豹尾",如海子的诗歌一般,具有刀劈斧砍的力量,文字简练、善用金句、余音收尾,给人以启迪和力量。

这一点在古诗词中的应用尤为普遍且巧妙。以李白的《静夜思》为例,这是一首短小精悍的五绝。"床前明月光,疑是地上霜。举头望明月,低头思故乡。"这首诗描写了秋日夜晚,诗人于屋内抬头望月的所感。诗中运用比喻、衬托等手法,表达客居的思乡之情,语言清新朴素而韵味含蓄无穷,历来广为传诵。

这首诗前两句写景,后两句既写景又突出意象。"举头"对"低头","明月"对"故乡"。这里表达了对家乡的深深思念之情,升华了这首诗的高度和意境,在浅白的描述中蕴含了深刻的思想性和文学性。

写文章虽千变万化,但万变不离其宗。究其根本,文章结构始终遵循"无三不成文"的基本准则,这一原则既涉及创作方法,亦是约定俗成的规律。

2.1.3 写作三步法

根据"成三原则",写作可分为三步:构思、写作、优化。

1. 构思

构思,是撰写文章前对主题进行整体构想与细节思考的系统梳理过程。包括选题、搭框架和找素材。

一是选题。选题是行文构思的第一步。只有选题准确,才能明确写作方向。比如,你需要写一篇关于某明星高调进修引发舆论的文章。那么,你准备从娱乐领域切入,还是从教育领域出发?是聚焦其过往经历,还是追踪其近期动态?要明确核心切入点,才不至于文章空泛。

二是搭框架。搭框架就像盖房子,从头到尾都要有清晰的规划。有了图纸和地基,才能搭房梁;房子雏形随着四梁八柱的搭建而出来,才能砌墙壁、划分卧室、厨房和卫生间;之后才会有粉红色的窗帘、桃木色的地板,以及黄色的书柜。写文章也是如此。要先确定标题及核心主旨,继而划分文章结构,提炼核心观点并筛选典型事例;最终形成完整的框架结构。整个过程须秉持清晰的规划意识,方能达到逻辑缜密、层次分明的写作效果。

三是找素材。找素材不是在电脑或者手机上凭空幻想,而是要切实搜集素材。可以边打草稿边查文献,也可以边构思画面边寻找相关素材。通过视觉、听觉等多种感觉去分析素材的规律、大小、特点,以及与其他事物的联系等。再加上掌握一定的写作基础,写好初稿便不成问题。

2. 写作

写作,是将构思酝酿的素材整理成文的过程,包括初稿和修改两个方面。

一是初稿。对于构思成熟的内容,可以一气呵成,真正做到"下笔如有神"!但对于构思不成熟的内容,则需要边写边查找资料,围绕主题抽丝剥茧,方能渐成初稿。初稿对每个写作者来说都至关重要,不写出来,就永远不会有作品问世。

二是修改。鲁迅先生曾说,好文章都是改出来的。一篇好的文章,通过修改重新审视,要花费大量的时间和精力。这是因为初稿往往是第一时间在头脑当中形成的,难免存在疏漏;修改则能更加理性地看待自己的作品,进行查缺补漏。据说,海明威在将《老人与海》一书交付出版前,检查了8遍。

通常，修改的时间要大于初稿时间。初稿可以一挥而就，但修改必须字斟句酌。初稿可以稍显马虎，但定稿必须认真严谨。这就是雕琢的功夫和艺术！很多人不愿意回头加工修改自己的稿子，但如果能养成修改的好习惯，说明你已经走上了写作的正轨！正如好学生答完卷子总会耐心细致地检查，而差学生则草草检查了事，或者干脆不检查。

3. 优化

优化，是公文成文后规范制发并持续完善的过程。发文渠道应严格遵循党政机关行文规则，根据文件性质选择呈批、普发或定向印发等规范程序。公文写作与其他类型写作存在本质区别：前者以政治性、规范性和程序性为核心特征，文稿经审核签发后需通过正式渠道印发，其传播范围和执行效力直接影响行政效能。

公文起草者需精准把握行文定位与职能边界，聚焦本职业务领域进行专业深耕。正如公文写作忌内容超出职权范围，否则将损害文件权威性。规范性公文若标题要素缺失或事由表述不清，不仅难以通过审核程序，即便完成印发也可能导致执行偏差。例如，请示与报告混用，可能造成公文流转梗阻；更严重的是，此类问题可能削弱部门公信力，形成行政效能衰减的恶性循环。

对公文写作初学者而言，初期可采取"模拟实训+周期练笔"模式，这既是熟悉公文格式的过程，更是掌握行文规则的实践路径。正如"熟能生巧"的规律在公文写作中同样适用。以6小时公文起草周期为例，合理分配时应为：政策研究占3小时（含依据查证和条款推敲），规范行文耗时2小时（含版头版记制作），核签流程1小时（含意见征询和校对修正）。特别需注意，公文优化应贯穿"草拟—审核—签发"全流程，重点核查文种选用是否准确、格式要素是否完整、表述口径是否统一，切实维护公文的权威性和严肃性。

2.2 如何夯实公文写作的"三个基本功"

公文写作万变不离其宗，要夯实三个基本功，即调查研究的基本功，认识分析问题的基本功，以及文字表达的基本功。

2.2.1 调查研究的基本功

毛泽东同志早在1930年《反对本本主义》中就明确指出："没有调查，就没有发言权。"后来，毛泽东同志对这一论断做了补充："一，不做调查就没有发言权；二，不做正确的调查同样没有发言权。"他还强调："领导机关的基本任务：一是了解情况，二是掌握政策。"

对各级领导和机关干部而言，搞好调查研究是做好一切工作的基础，是必备的基本功。而公文写作者撰写调查研究报告，更是必备素质。调查研究是一门科学，也是一门学问，并非人人都会调查研究。要学会调查研究，首先要善于了解情况，包括询问、开座谈会、听汇报、现场调查、问卷调查等多种方式。只有这样，才能掌握丰富的素材，写作时才能得心应手。

应该看到，当前在领导干部中，不重视调查研究、不善于调查研究的问题还是存在的。有的走不出"文山会海"，强调工作忙，很少下去调查研究。有的满足于看材料、听汇报、上网络，不深入实际生活，坐在办公室关起门来做决策。有的自认为熟悉本地区本部门情况，对层出不穷的新情况新问题反应不敏锐，对形势发展变化提出的新课题新挑战应对不得力，看不到事物的发展变化是一个由量变到质变的过程，凭经验办事，拍脑袋决策。有的调研走过场，只看"盆景式"典型，满足于听听、转转、看看，蜻蜓点水、浅尝辄止。凡此种种，严重影响决策的科学性，妨碍党的路线方针政策的贯彻执行，也损害领导机关、领导干部的形象。（摘自习近平同志2011年11月16日在中央党校秋季学期第二批入学学员开学典礼上的讲话）

现在有的同志文件写不好，很重要的一点就是缺乏调查研究，作风不够深入，占有的材料不丰富、不充实，写起来干干巴巴。有的虽然也搞了调查研究，但没有掌握调查研究的方法，好像离开办公室就算调查研究了，或者听了一两次汇报、开了一两个座谈会就算调查研究了。调查的手段应该是多种多样的，比如，到现场看一看，因为现场是最客观的；找一些同志个别交谈，因为个别交谈最容易掌握真实情况；看一看原始记录、原始材料，因为这样容易把握事物发展的轨迹，等等。有的同志听汇报时，只是被动地听，不主动提出问题，不积极引导交流，了解情况。有的同志开座谈会时，氛围不够活跃，研究不够深入。

只有深入调查研究，才能了解实际情况，从而掌握事物的发展轨迹，获得感性认识，占有丰富的素材，为写好公文奠定坚实的基础。

2.2.2 认识分析问题的基本功

认识分析问题的基本功，就是对占有的材料，不能拿来主义，不能照抄照搬，而是要认真地分析。只有认真且正确的分析，才能透过现象抓住本质，为写好公文选择精准的材料。这就是优秀的写作者与未入门新手之间的本质区分。即使占有一样的材料，写出来的文章质量也会高下立判。而这其中关键的区分就在于分析研究问题的基本功。

分析材料需要把握全局，对占有的材料进行全面而非片面，系统而非零碎，辩证而非绝对，发展而非静止，深刻而非肤浅，认真而非敷衍的综合分析。通过分析要做到"四结合"，即宏观分析与微观分析相结合，纵向分析与横向分析相结合，静态分析与动态分析相结合，定性分析与定量分析相结合。

就拿"定性分析与定量分析相结合"来说，事物都是质和量的统一，分析时既要从质的规定性上去把握，又要注意用适当的量来衡量。定性主要是通过对事物表象的分析，来揭示事物的本质。我们常用的概率推算、百分比的计算等，属于定量分析方法。现在一些同志不重视定量分析，忽视"量"的作用，在做定性分析时，使用"基本""比较""大多数"等模糊概念，这影响了材料的准确性和真实性。事实上，量是质的重要体现，一定的量对分析问题的性质，特别是判断发生质变的程度，具有其他因素不可替代的作用。"数字里面有辩证法"，讲的就是这个道理。

通过分析，要真正做到去粗取精、去伪存真、由此及彼、由表及里，抓住事物的本质，找出事物的规律，得出正确的结论。如果说调查研究、搜集材料是基础，那么认识分析就是关键。我们必须学会对实际进行深刻认知，在充分调查研究的基础上，认真思考实际存在的真实状态，科学研判实际的环境形势，剖析实际存在的问题，努力分析问题本质，查找矛盾根源，合理制定措施，有效解决实际存在的问题。

2.2.3 文字表达的基本功

文字表达是公文的外在表现形式，若文字表达的基本功不过硬，是写不好公文的。要善于用字、用词、用句，文书的结构要严谨，如何开头、结尾，如何过渡、照应，如何区分层次、段落，哪些详写、哪些略写，都要布局安排好。要懂得修辞、逻辑、语法，要明确公文的格式规定，等等。总之，在文字表达方面要有较深的造诣，才能把公文写好。搞好文字表达，才能形象生动地叙述内容，为写好公文提供可靠的保证。

我们的人民热爱生活，期盼有更好的教育、更稳定的工作、更满意的收入、更可靠的社会保障、更高水平的医疗卫生服务、更舒适的居住条件、更优美的环境，期盼着孩子们能成长得更好、工作得更好、生活得更好。人民对美好生活的向往，就是我们的奋斗目标。（摘自习近平同志2012年11月15日在十八届中共中央政治局常委同中外记者见面时的讲话）这段话运用排比，将人民热爱生活的方方面面说得清清楚楚、明明白白。

文字表达说到底，是让普通读者，老百姓们看清楚、弄明白，就像白居易写诗歌一样，要老婆婆能听懂，让人们能看明白、理解到位。

2.3　如何靠"四招"练成公文高手

在现实工作中，我们身边有不少从事文字写作的同事。他们一开始都站在同一条起跑线上，跟着一样的领导、写着一样的材料、加着一样的夜班。然而，几年后，有的人迅速成长为备受倚重的文字骨干，有的人却始终停留于基层岗位，甚至退化为从事文字录入、报刊分发的辅助人员。个中原因有很多，除去机遇、背景等客观因素外，内因才是根本原因。文字工作者的核心竞争力究竟在哪？可以用"跟上、学到、践行、悟道"四个词来概括。

2.3.1　跟上

跟上，才能方向清。无论是在党政机关还是企事业单位，都要跟紧中央的决策部署，跟紧上级的指示要求，这样起草的文字材料才不会跑偏离题。否则，若连上级的意图都把握不准，即使再妙笔生花，写出的内容也是南辕北辙，领导不会用也不敢用。

怎么去"跟"呢？

一是深入地"跟"。就是对上级精神和领导讲话，特别是习近平同志系列重要讲话要反复研读、深入把握。有时候领导布置任务可能是只言片语，这就更需要我们反复琢磨，切实将领导的意思把握准、领悟透。

二是联系地"跟"。就是要充分了解某项工作相关领域的要求。一般来说,领导抓工作的思路是一贯的、系统的。如果领导对某方面工作讲得不多,我们可以多看看领导对相关工作是怎么讲的,这样联系着理解讲话精神,更容易把握领导的意图。

三是创造地"跟"。有的领导指示可能只是初步想法和原始考虑,这就需要我们对领导意图进行补充和完善,在结合实际的基础上进行创新思考,把领导的原意拓展丰富,使其系统化、体系化。总之,只有深入、全面、系统地理解了上级精神和领导意图,文字材料才具备成功的基本前提。

2.3.2 学到

学到,才能功底实。有句话叫"在写作中学习写作",这同样适用于写材料。材料是写出来的,是学着写出来的,是靠着艰苦细致、点灯熬油熬出来的。没有捷径可走,没有弯道超车可行。只要养成坚持写作的好习惯,持之以恒地坚持下来,就像饭一口一口地吃,材料一篇一篇地写,一两年下来一定会有很大进步,三年以上必然成为行家里手。因此,从学习内容的角度来看,这是核心,是根本。

学习方法主要有三点。

一是带着问题学。学文件或者讲话时,心里最少要有这么几个问号,比如,文件或者讲话发表的着眼点是什么,着力点有哪些,落脚点在何处,等等。有了这些问题,才可能从文件中找到答案。

二是带着任务学。以干促学往往比单纯学习的效果好,比如,最近在写某个材料,可以围绕这个专题查找大量有关的文件和讲话进行学习,在学习中分门别类地梳理相关学习心得和摘录,这样就能一举多得。

三是带着联想学。要边学边回想写过的相关材料,思考哪些地方可以吸纳,哪些地方可以改进,这样大脑中留下的记忆会是成系统的,而不是零散的。必要时记记笔记、画画重点,这才是真学到了,才能练成写作的硬功夫。

2.3.3 践行

践行,才能实力强。文字工作最重实践,学得再多却不实践,不会有任何进步。如何实践?主要是做到"三常"。

常摹,但要"神"大于"形"。对于初学者而言,照葫芦画瓢是最省事的办法,但绝不是原样照抄和简单照搬，而是要看到范文背后的东西。比如，文章的套路是什么？报告有哪几种写法？经验有哪几样模式？新闻有哪几类思路？文章的结构是横向展开还是纵向深挖？等等。

常写，但要"质"大于"量"。为什么有的笔友写的材料很多，但总是停留在较低的层次上？关键是重数量轻质量。每写一篇文章，都要有"跳一跳才能够得着"的态度，要有穷尽认知能力和文字水平的追求，真正竭尽所能、耗尽所思后再出手，这样才能打一仗进一步。

常改，但要"练"大于"果"。文章不厌千回改。对于自己起草的文章，只要时间允许，就要多换换角度，用客观视角去审视和修改。不必过分关注结果，修改的过程本身就是沉淀与反思的过程，这往往比结果更重要。

有大笔杆子归纳的这段话很有道理："从写作实践中对照出来的，不管是什么材料，最终都要回答好'是什么''怎么样''为什么''怎么办'的问题，有的回答可能是间接的，有的可能是直接的，有的可能这四个逻辑要素都有，有的可能只有其中的部分。如果这四个逻辑要素都没有，估计很难过关。"

2.3.4　悟道

悟道，才能境界高。感悟、体悟甚至醒悟，都是一种总结和升华，层次往往从悟中来，精品往往在悟中出。文字写作走到顶端的人，不一定是刚开始文笔有多出众的，但一定是悟性高、灵气足的，因为悟性决定了"天花板"的高度。

怎么才能悟得好？要锻炼"三种思维"。

一是以战略思维谋全局。即便材料再小，也要把它放在大局中思考。这样长远地、前瞻地、全局地看问题，才会悟出某个材料真正的着眼点和落脚点是什么。

二是以辩证思维解矛盾。越是有起伏、有矛盾、有痛点的材料，越容易引起共鸣，也越有深度和实度。平铺直叙的"白开水"式材料是没人愿意读的。所以一定要带着辩证的眼光去审视材料，从中感悟起草材料的方法论。这样写出来的材料，即使语言很平实，但问题导向很鲜明，哲学底蕴很厚重。

三是以创新思维增活力。就是要敢于突破固有的思维习惯和既定模式，处理好"守、破、离"的辩证关系。既要勇于独树一帜、独辟蹊径，又要避免离经叛道。要在把握正确方向的基础上，用新颖的观点和思路去行文。比如，每次想说明一个观点的时候，脑海中最先浮现的往往是常规表述，此时不宜直接采用，若能再深入一层思考，开拓新的表达维度，往往能得到让大家眼前一亮的文字。

自己悟道，才能上层次，写出的材料才能境界高、视野开阔。根据实际情况灵活地组织观点和语言，注意把握场合、对象、风格等因素，这样写出的稿子经过了深思熟虑，既有高度和深度，又有针对性和实效性，质量最高。

第 3 章

公文处理基本知识

3.1	条例的适用范围	/ 23
3.2	公文的格式规范	/ 23
3.3	行文方向	/ 26
3.4	公文行文规则	/ 26
3.5	公文的拟制程序	/ 27
3.6	公文的办理程序	/ 28
3.7	公文的管理制度	/ 30
3.8	公文的用纸与印刷装订	/ 31

梁实秋先生认为，写好文章须经过文思枯涩、洋洋洒洒、懂得割爱三个阶段，公文写作亦是如此。任何从事机关文字工作的同志，都会经历略懂公文章法、熟练运用公文章法，以及从心所欲而不逾矩的三个阶段。同时，这三个阶段的立足点都体现在对《党政机关公文处理工作条例》（以下简称《条例》）和《党政机关公文格式》（以下简称《公文格式》）的遵循和运用上。

《条例》与《公文格式》就是教会大家如何"戴着脚镣跳舞"，它们规范了版头格式、正文格式以及文章收尾，从文种选用到行文规则都有明确说明。其中，《公文格式》更是进一步细化了要求。实事求是地说，学好学透《条例》和《公文格式》能助你快速成为一名合格的写手。

3.1 条例的适用范围

《条例》第一章总则第二条规定"本条例适用于各级党政机关公文处理工作"；同时，第八章附则第四十条规定"其他机关和单位的公文处理工作，可以参照本条例执行"。这表明《条例》不只是党政机关公文处理的规范，军队、人民团体、企事业单位也可以参照执行，这就解决了一些企业文秘人员对于《条例》是否适用于自己行业的困惑。

3.2 公文的格式规范

公文一般由版头、主体、版记三部分组成。其中，版头部分包括份号、密级和保密期限、紧急程度、发文机关标志、发文字号、签发人等；主体部分包括标题、主送机关、正文、附件说明、发文机关署名、成文日期和印章、附注、附件等；版记部分包括抄送机关、印发机关和印发日期、页码等。

3.2.1 版头部分

版头主要包括如下内容。

（1）份号。此项指公文印制份数的顺序号。涉密公文应当标注份号。一般采用6位3号阿拉伯数字进行顺序编号，如012345。涉密公文应当在版心左上角第一行标注份号。

（2）密级和保密期限。此项指公文的秘密等级和保密的期限。涉密公文应当根据涉密程度分别标注"绝密""机密""秘密"和保密期限。

（3）紧急程度。此项指公文送达和办理的时限要求。根据紧急程度，紧急公文应当分别标注"特急""加急"，电报应当分别标注"特提""特急""加急""平急"。

（4）发文机关标志。此项由发文机关全称或者规范化简称加"文件"二字组成，也可以使用发文机关全称或者规范化简称。联合行文时，发文机关标志可以同时标注联署发文机关名称，也可以单独用主办机关名称。

（5）发文字号。此项由发文机关代字、年份、发文顺序号组成。联合行文时，使用主办机关的发文字号。

（6）签发人。上行文应当标注签发人姓名。

（7）版头中的分隔线。此项指在发文字号下方 4mm 处居中设置的一条与版心等宽的红色分隔线。

3.2.2　主体部分

主体包括如下内容。

（1）标题。此项由发文机关名称、事由和文种组成。标题一般采用 2 号小标宋体字。标题字数较多需多行排列时，回行时要做到词意完整，排列尽量使用梯形或菱形。

（2）主送机关。此项指公文的主要受理机关。应当使用机关全称、规范化简称或者同类型机关统称。如主送机关名称过多导致公文首页不能显示正文时，应当将主送机关名称移至版记。

（3）正文。此项指公文的主体，用来表述公文的内容。一般用 3 号仿宋体字。文中结构层次可依次采用一级标题"一、""二、""三、"，二级标题"（一）""（二）""（三）"，三级标题"1.""2.""3."，四级标题"（1）""（2）""（3）"标注。一般一级标题用黑体字，二级标题用楷体，三、四级标题用仿宋体字。

（4）附件说明。此项指公文附件的顺序号和名称。正文下空一行左空两字编排"附件"二字，后标全角冒号和附件名称。如多个附件可用阿拉伯数字标注附件顺序号，如"附件：1.×××"（注：附件名称后不能加标点符号）。

（5）发文机关署名。此项指署发文机关全称或者规范化简称。单一机关行文时，署名应置于正文下空一行、右空二字的位置，日期右移二字对齐；联合行文时，应当先编排主办机关署名，其余发文机关署名依次向下编排。

（6）成文日期。此项指会议通过或者发文机关负责人签发的日期。联合行文时，署最后签发机关负责人签发的日期。

（7）印章。公文中有发文机关署名的，应当加盖发文机关印章，并与署名机关相符。加盖印章的公文，成文日期应右空四字，红色印章不得留白。单一机关行文时，印章应居中下压署名和日期，顶端距正文一行内；联合行文时，印章应对应排列，末端印章居中压日期，印章既不相交、也不超版心。有特定发文机关标志的普发性公文和电报可以不加盖印章。

（8）附注。此项指公文印发传达范围等需要说明的事项。附注多用于请示等需要说明事项或留下联系方式的情况，如有附注事项居左空二字加圆括号编排在成文日期下一行。

（9）附件。此项指公文正文的说明、补充或者参考资料。附件应当另面编排，并在版记之前，与公文正文一起装订。"附件"二字及附件顺序号用 3 号黑体字顶格编排在版心左上角第一行。附件标题居中编排在版心第三行。

3.2.3　版记部分

版记主要包括如下内容。

（1）版记中的分隔线。分隔线与版心等宽，首条分隔线和末条分隔线用 0.35mm 的粗线，中间的分隔线用 0.25mm 的细线。

（2）抄送机关。此项指除主送机关外需要执行或者知晓公文内容的其他机关。应当使用机关全称、规范化简称或者同类型机关统称。抄送机关一般用 4 号仿宋体字，在印发机关和印发日期之上一行，左右各空一字编排。"抄送"二字后加全角冒号和抄送机关名称，回行时与冒号后的首字对齐，最后一个抄送机关后标句号。

（3）印发机关和印发日期。此项指公文的送印机关和送印日期。一般用 4 号仿宋体字，编排在末条分隔线之上，印发机关左空一字，印发日期右空一字，用阿拉伯数字将年、月、日标全，年份应标全称，月、日不编虚位（即 1 不编为 01），后加"印发"二字。

（4）页码。此项指公文页数顺序号。一般用 4 号半角宋体阿拉伯数字，编排在公文版心下边缘之下，数字左右各放一条一字线。单页码右空一字，双页码居左空一字。公文的版记页前有空白页的，空白页和版记页均不编排页码。页码应当连续编排。

3.3 行文方向

常用公文按行文方向可分为上行文、下行文和平行文,这点大家务必要搞清楚,否则在行文时就容易张冠李戴,闹出笑话。

(1)上行文。上行文指下级机关、业务部门或有关单位向上级领导机关、部门或业务主管部门的一种行文,主要有"报告""请示"等。

(2)下行文。下行文指上级领导机关、部门或业务主管部门向被领导或指导的下级机关、业务部门或有关单位的一种行文,主要有"命令(令)""决定""指示""决议""条例""规定""批复"等。

(3)平行文。平行文指平级机关、部门、单位之间的相互行文,或不相隶属没有领导与指导关系的机关、部门、单位之间的一种行文,主要有"函"。

多数情况,"通知""公告""通告""会议纪要"和"意见"可用于下行文,但在某些特定情况下也可用于平行文,具体使用需要大家在实际情况中把握。

3.4 公文行文规则

公文的行文有其自身的规律,这个在《条例》和《公文格式》中有严格的规定,一般不得越级行文,特殊情况需要越级行文的,应当同时抄送被越过的机关。

3.4.1 向上级机关行文

(1)主送与抄送。原则上主送一个上级机关,根据需要同时抄送相关上级机关和同级机关。要注意一点,不能抄送给下级机关。受双重领导的机关向一个上级机关行文,必要时抄送另一个上级机关。

(2)请示与报告。党委、政府的部门向上级主管部门请示、报告重大事项,应当经本级党委、政府同意或授权;属于部门职权范围内的事项应当直接报送上级主管部门。下级机关的请示事项,如需以本机关名义向上级机关请示,应当提出倾向性意见后上报,不得原文转报上级机关。请示应当一文一事。不得在报告等非请示性公文中夹带请示事项。

(3)报送公文。除上级机关负责人直接交办事项外,不得以本机关名义向上级机关负责人报送公文，不得以本机关负责人名义向上级机关报送公文。

3.4.2 向下级机关行文

（1）主送和抄送。主送受理机关，根据需要抄送相关机关。重要行文应当同时抄送发文机关的直接上级机关。上级机关向受双重领导的下级机关行文，必要时抄送该下级机关的另一个上级机关。

（2）行文授权。党委、政府的办公厅（室）根据本级党委、政府授权，可以向下级党委、政府行文，其他部门和单位不得向下级党委、政府发布指令性公文或者在公文中向下级党委、政府提出指令性要求。需经政府审批的具体事项，经政府同意后可以由政府职能部门行文，文中须注明已经政府同意。

（3）对口行文。党委、政府的部门在各自职权范围内可以向下级党委、政府的相关部门行文。

（4）行文协商。涉及多个部门职权范围内的事务，部门之间未协商一致的，不得向下行文；擅自行文的，上级机关应当责令其纠正或者撤销。

3.4.3 同级机关联合行文

同级党政机关、党政机关与其他同级机关必要时可以联合行文。属于党委、政府各自职权范围内的工作，不得联合行文。党委、政府的部门依据职权可以相互行文。部门内设机构除办公厅（室）外不得对外正式行文。

3.5 公文的拟制程序

公文拟制是形成正式文件的重要流程，主要包括公文的起草、审核、签发等程序。

3.5.1 公文起草的七个要求

（1）符合党的理论和路线方针政策，以及国家法律法规，完整准确体现发文机关意图，并同现行有关公文相衔接。

（2）一切从实际出发，分析问题实事求是，所提政策措施和办法切实可行。

（3）内容简洁，主题突出，观点鲜明，结构严谨，表述准确，文字精练。

（4）文种正确，格式规范。

（5）深入调查研究，充分进行论证，广泛听取意见。

（6）公文涉及其他地区或者部门职权范围内的事项，起草单位必须征求相关地区或者部门意见，力求达成一致。

（7）机关负责人应当主持、指导重要公文起草工作。

3.5.2　公文签发前的审核重点

（1）行文理由是否充分，行文依据是否准确。

（2）内容是否符合党的理论和路线方针政策，以及国家法律法规；是否完整准确体现发文机关意图；是否同现行有关公文相衔接；所提政策措施和办法是否切实可行。

（3）涉及有关地区或者部门职权范围内的事项是否经过充分协商并达成一致意见。

（4）文种是否正确，格式是否规范；人名、地名、时间、数字、段落顺序、引文等是否准确；文字、数字、计量单位和标点符号等用法是否规范。

（5）其他内容是否符合公文起草的有关要求。

3.5.3　公文的签发

公文应当经本机关负责人审批签发。重要公文和上行文由机关主要负责人签发。党委、政府的办公厅（室）根据党委、政府授权制发的公文，由授权机关主要负责人签发或者按照有关规定签发。签发人签发公文，应当签署意见、姓名和完整日期；圈阅或者签名的，视为同意。联合发文由所有联署机关的负责人会签。

3.6　公文的办理程序

公文办理包括收文办理、发文办理和整理归档等主要程序。

3.6.1　收文办理主要程序

（1）签收。对收到的公文应当逐件清点，核对无误后签字或者盖章，并注明签收时间。

（2）登记。对公文的主要信息和办理情况应当详细记载。

（3）初审。对收到的公文应当进行初审。初审的重点是：是否应当由本机关办理，是否符合行文规则，文种、格式是否符合要求，涉及其他地区或者部门职权范围内的事项是否已经协商、会签，是否符合公文起草的其他要求。经初审不符合规定的公文，应当及时退回来文单位并说明理由。

（4）承办。阅知性公文应当根据公文内容、要求和工作需要确定范围后分送。批办性公文应当提出拟办意见报本机关负责人批示或者转有关部门办理；需要两个以上部门办理的，应当明确主办部门。紧急公文应当明确办理时限。承办部门对交办的公文应当及时办理，有明确办理时限要求的应当在规定时限内办理完毕。

（5）传阅。根据领导批示和工作需要将公文及时送传阅对象阅知或者批示。办理公文传阅应当随时掌握公文去向，不得漏传、误传、延误。

（6）催办。及时了解掌握公文的办理进展情况，督促承办部门按期办结。紧急公文或者重要公文应当由专人负责催办。

（7）答复。公文的办理结果应当及时答复来文单位，并根据需要告知相关单位。

3.6.2 发文办理主要程序

（1）复核。已经发文机关负责人签批的公文，印发前应当对公文的审批手续、内容、文种、格式等进行复核；需作实质性修改的，应当报原签批人复审。

（2）登记。对复核后的公文，应当确定发文字号、分送范围和印制份数并详细记载。

（3）印制。公文印制必须确保质量和时效。涉密公文应当在符合保密要求的场所印制。

（4）核发。公文印制完毕，应当对公文的文字、格式和印刷质量进行检查后分发。

3.6.3 整理归档主要程序

（1）需要归档的公文及有关材料，应当根据有关档案法律法规以及机关档案管理规定，及时收集齐全、整理归档。

（2）两个以上机关联合办理的公文，原件由主办机关归档，相关机关保存复制件。

（3）机关负责人兼任其他机关职务的，在履行所兼职务过程中形成的公文，由兼职机关归档。

3.7 公文的管理制度

公文的管理制度，主要包括如下内容。

（1）各级党政机关应当建立健全本机关公文管理制度，确保管理严格规范，充分发挥公文效用。

（2）党政机关公文由文秘部门或者专人统一管理。设立党委（党组）的县级以上单位应当建立机要保密室和机要阅文室，并按照有关保密规定配备工作人员和必要的安全保密设施设备。

（3）公文确定密级前，应当按照拟定的密级先行采取保密措施。确定密级后，应当按照所定密级严格管理。绝密级公文应当由专人管理。公文的密级需要变更或者解除的，由原确定密级的机关或者其上级机关决定。

（4）公文的印发传达范围应当按照发文机关的要求执行；需要变更的，应当经发文机关批准。涉密公文公开发布前应当履行解密程序。公开发布的时间、形式和渠道，由发文机关确定。经批准公开发布的公文，同发文机关正式印发的公文具有同等效力。

（5）复制、汇编机密级、秘密级公文，应当符合有关规定并经本机关负责人批准。绝密级公文一般不得复制、汇编，确有工作需要的，应当经发文机关或者其上级机关批准。复制、汇编的公文视同原件管理。复制件应当加盖复制机关戳记。翻印件应当注明翻印的机关名称、日期。汇编本的密级按照编入公文的最高密级标注。

（6）公文的撤销和废止，由发文机关、上级机关或者权力机关根据职权范围和有关法律法规决定。公文被撤销的，视为自始无效；公文被废止的，视为自废止之日起失效。

（7）涉密公文应当按照发文机关的要求和有关规定进行清退或者销毁。

（8）不具备归档和保存价值的公文，经批准后可以销毁。销毁涉密公文必须严格按照有关规定履行审批登记手续，确保不丢失、不漏销。个人不得私自销毁、留存涉密公文。

（9）机关合并时，全部公文应当随之合并管理；机关撤销时，需要归档的公文经整理后按照有关规定移交档案管理部门。工作人员离岗离职时，所在机关应当督促其将暂存、借用的公文按照有关规定移交、清退。

（10）新设立的机关应当向本级党委、政府的办公厅（室）提出发文立户申请。经审查符合条件的，列为发文单位，机关合并或者撤销时，相应进行调整。

公文的用纸与印刷装订

公文的用纸与印刷装订要依据《党政机关公文格式》，其他行业单位也建议参照执行。

3.8.1 字体和字号

根据习惯，在字体、字号的使用上，密级和保密期限用 3 号黑体字，"签发人"三字采用 3 号仿宋体字，签发人姓名采用 3 号楷体字，大标题一般采用 2 号小标宋体字，副标题采用 3 号楷体字，一级标题采用 3 号黑体字，二级标题采用加粗 3 号楷体字，三级标题采用加粗 3 号仿宋体字，四级标题采用 3 号仿宋体字，版记内容用 4 号仿宋体字。正文内容多采用 3 号仿宋体字。

3.8.2 行数和字数

公文拟制应采用 A4 型纸（成品尺寸为 210mm×297mm），一般每面排 22 行，每行排 28 个字，且内容需撑满版心。如排版时出现最后一页无正文的情况，在特定情况可以做适当调整，可通过调整行距、字距或增、删文字等方式，确保最后一页有正文内容。尽量避免在空白页打印"（此页无正文）"的字样，以免影响文件的整体美观。

3.8.3 文字的颜色

如无特殊说明，公文中文字的颜色均为黑色。

3.8.4 印制装订要求

（1）制版要求。版面干净无底灰，字迹清楚无断划，尺寸标准，版心不斜，误差不超过 1mm。

（2）印刷要求。双面印刷；页码套正，两面误差不超过 2mm。黑色油墨应当达到色谱所标 BL100%，红色油墨应当达到色谱所标 Y80%、M80%。印品着墨实、均匀；字面不花、不白、无断划。

（3）装订要求。公文应当左侧装订，不掉页，两页页码之间误差不超过 4mm，裁切后的成品尺寸允许误差 ±2mm，四角成 90°，无毛茬或缺损。

（4）骑马订或平订的公文应当：

①订位为两钉外订眼距版面上下边缘各 70mm 处，允许误差 ±4mm；

②无坏钉、漏钉、重钉，钉脚平伏牢固；

③骑马订钉锯均订在折缝线上，平订钉锯与书脊间的距离为 3～5mm。包本装订公文的封皮（封面、书脊、封底）与书芯应吻合、包紧、包平、不脱落。

事务性公文种类繁多，也未出台相关的规范制度，在此笔者不再阐述。在本书的下篇我们将结合写作要领与范例进行详细讲解。

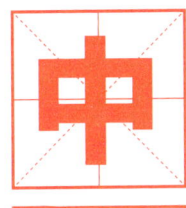

中篇

法定公文写作要领及范例

第4章

决议的写作

- 4.1 决议的含义、种类及适用范围 / 35
- 4.2 决议的写作要领 / 35
- 4.3 决议的写作模板及范例 / 36

4.1 决议的含义、种类及适用范围

《党政机关公文处理工作条例》规定，决议是"适用于会议讨论通过的重大决策事项"的公文。从定义可以看出，这种公文具有很强的指导性和权威性，是各级执行机关开展工作的重要依据。决议一般由具有一定级别的领导机关作出，所含内容为涉及重大事项性的工作。所以，决议必须经过会议讨论，取得与会代表一致同意或者符合相关规定才可以作出，是领导机关集体意志的体现。

根据用途和内容的不同，决议可以分为批准性决议、事项性决议和公布性决议等。

 ## 4.2 决议的写作要领

决议主要由标题、成文日期、正文、落款等部分组成，如表4-1所示。

表4-1 决议的关键点

要素		写作要求
标题		主要有三种格式：第一种由"发文机关＋事由＋文种"构成，如《中国代表欢迎联大通过消除农村贫困问题决议》；第二种由"会议名称＋主要内容＋文种"构成，如《中国人民政治协商会议第十三届全国委员会第一次会议政治决议》；第三种由"内容＋文种"构成，如《关于××的决议》
成文日期		决议的成文日期比较特殊，既不需要写专门的发文字号，也不像其他公文那样需要把成文日期写在公文正文之后，而是要在标题正下方注明形成决议的时间，并加上括号。同时还要注意，如果标题中已经出现了作出决议的会议名称，则标题下方只写日期即可；如果标题中没有注明形成决议的会议名称，则需要在成文日期前注明。比如，××年××月××日××大会第××次会议通过
正文	开头	主要写明作出该决议的具体原因和目的等。一般要写清楚该次会议听取了哪些汇报，讨论了哪些问题，审议了什么议题，批准了什么，生效日期是什么等。具体写哪些内容，视情况而定，不一定非得面面俱到
	主体	写法非常多样，内容也比较复杂，不过，万变不离其宗的是，要把会议所涉及的事项写清楚。用语一定要严谨，尤其是工作的内容、措施、要求等要写清楚。如果是涉及原则问题的决议，则要采取灵活的写法，把道理说清楚，并提出相应的号召和要求
	结尾	可有可无，通常视情况而定，做到行文完整、叙事合理、阅读流畅即可

续表

要素	写作要求
落款	因为相关日期已经在标题正下方注明,所以决议一般没有落款。但如果标题下方没有标明,则需要落款

要注意决议和决定的区别。决议适用于会议讨论通过的重大决策事项;而决定适用于对重要事项作出决策和部署、奖惩有关单位和人员、变更或者撤销下级机关不适当的决定事项。

4.3 决议的写作模板及范例

范例 4-1 批准性决议

批准性决议是为了肯定或否定某种事项而拟制的公文。拟制时,需要将肯定或者否定的具体内容写清楚。

全国人民代表大会常务委员会
关于批准 2017 年中央决算的决议

(2018年6月22日第十三届全国人民代表大会常务委员会第三次会议通过)

第十三届全国人民代表大会常务委员会第三次会议听取了财政部部长刘昆受国务院委托作的《国务院关于 2017 年中央决算的报告》和审计署审计长胡泽君受国务院委托作的《国务院关于 2017 年度中央预算执行和其他财政收支的审计工作报告》。会议结合审议审计工作报告,对 2017 年中央决算(草案)和中央决算报告进行了审查。

会议同意全国人民代表大会财政经济委员会提出的审查结果报告,决定批准 2017 年中央决算。

范例 4-2 事项性决议

事项性决议一般用于记载某次会议通过某重要事项,比如,对工作报告的审议等。在拟制的过程中，要将会议的名称、时间、地点、所审议的具体内容、最终结果等写清楚。

第十三届全国人民代表大会第一次会议
关于最高人民检察院工作报告的决议

（2018年3月20日第十三届全国人民代表大会第一次会议通过）

第十三届全国人民代表大会第一次会议听取和审议了最高人民检察院检察长曹建明所作的工作报告。会议充分肯定最高人民检察院过去五年的工作，同意报告提出的2018年工作建议，决定批准这个报告。

会议要求，最高人民检察院要在以习近平同志为核心的党中央坚强领导下，高举中国特色社会主义伟大旗帜，以习近平新时代中国特色社会主义思想为指导，全面贯彻党的十九大和十九届一中、二中、三中全会精神，坚持和加强党的全面领导，坚持以人民为中心的发展思想，围绕统筹推进"五位一体"总体布局和协调推进"四个全面"战略布局，忠实履行宪法法律赋予的职责，深化司法体制改革，推进平安中国、法治中国建设，加强人民检察院过硬队伍建设，充分发挥检察机关职能作用，维护国家政治安全，确保社会大局稳定，促进社会公平正义，保障人民安居乐业，为决胜全面建成小康社会、夺取新时代中国特色社会主义伟大胜利、实现中华民族伟大复兴的中国梦提供有力司法保障。

范例 4-3　公布性决议

公布性公文主要用于对某重大事项所形成的决议进行公开发布，通常是为了公布某种法规制度而作的。拟制时，需要将所作决议涉及的具体法规、规章制度、提案等内容写清楚。

全国人民代表大会常务委员会关于全面加强生态环境保护
依法推动打好污染防治攻坚战的决议

（2018年7月10日第十三届全国人民代表大会常务委员会第四次会议通过）

第十三届全国人民代表大会常务委员会第四次会议听取和审议了栗战书委员长

所作的全国人大常委会执法检查组关于检查大气污染防治法实施情况的报告。会议充分肯定和高度评价执法检查组的工作，一致赞成执法检查报告，同意报告对贯彻实施大气污染防治法、打赢蓝天保卫战提出的意见和建议。

……为此，特作决议如下。

一、坚持以习近平新时代中国特色社会主义思想特别是习近平生态文明思想为指引。党的十八大以来，以习近平同志为核心的党中央高瞻远瞩、不懈探索，深刻回答了为什么建设生态文明、建设什么样的生态文明、怎样建设生态文明等重大理论和实践问题，系统形成了习近平生态文明思想。（略）

……

各国家机关和全社会要紧密团结在以习近平同志为核心的党中央周围，以习近平新时代中国特色社会主义思想为指导，全面加强生态环境保护、打好污染防治攻坚战，为全面建成小康社会、全面建设富强民主文明和谐美丽的社会主义现代化强国而努力奋斗。

第 5 章
决定的写作

- **5.1** 决定的含义、种类及适用范围　　/ 40
- **5.2** 决定的写作要领　　/ 40
- **5.3** 决定的写作模板及范例　　/ 41

5.1 决定的含义、种类及适用范围

《党政机关公文处理工作条例》规定,决定是"适用于对重要事项作出决策和部署、奖惩有关单位和人员、变更或者撤销下级机关不适当的决定事项"的公文。这种公文属于下行文,对下级具有很强的指导性,一般在对重要事项或者重大行动作出安排部署,或者奖惩有关单位和人员等情况时使用。下级接到该种公文的时候,必须无条件服从和执行。决定的适用范围非常广泛,使用的级别也比较高,作出决定的必须是上级机关。决定具有权威性、指导性、稳定性、长远性等特点。在语言的运用上,决定以意思明确、语言严谨、内容严肃为主要特点,一般在第一段结尾用"为此,特作决定如下"等引起下文。

针对不同的用途和内容,决定可以分为任免类决定、指挥类决定、奖惩类决定、周知类决定、部署类决定、重大事项类决定、法律法规类决定等。

5.2 决定的写作要领

决定主要由标题、发文字号、主送机关、正文、落款等部分组成,如表5-1所示。

表5-1 决定的关键点

要素		写作要求
标题		主要有两种格式:第一种由"发文机关+事由+文种"构成,如《××关于××的决定》;第二种由"事由+文种"构成,如《关于××的决定》
发文字号		按照正常格式书写,放在标题正下方。需要注意的是,决定的发文字号有时候由会议名称和日期形式组成,同样需要放在标题正下方。比如,"××年××月××日第××届××大会第××次会议通过"
主送机关		需要周知的决定,不需要特别标注主送机关。但如果有明确受文单位的,则需要在标题下空一行位置,居左顶格标注主送机关名称,按照正规格式进行书写
正文	开头	主要写明作出该决定的主要依据、目的、理由等
	主体	不同的决定内容,主体的写法并不完全相同。比如,有的决定需要对缘由部分进行详写,对相关事项部分进行略写;有的决定需要对缘由部分进行略写,对所涉及的事项部分进行详写。因此,拟制决定的时候,要按照决定所

续表

要素		写作要求
正文	主体	作用的对象和轻重程度恰当地拟制内容，采取不同的形式使该决定能够得到更好更彻底地贯彻落实。写作中可以分段写，也可以分条写，具体采取哪种方式，需按照具体情况选择
	结尾	结束语要写明贯彻落实该决定的具体要求和措施，并提出希望，发出号召。具体写法，需视实际情况而定，其原则就是要做到详略得当
落款		在正文右下角位置，注明拟发布决定的单位名称和成文日期，并加盖公章

5.3 决定的写作模板及范例

范例 5-1 任免类决定

任免类决定要注意将作出该决定的原因、通过该决定的会议或机构、决定所涉及的人员的职务表达清楚、准确。

关于××等同志任职的决定

××：

根据岗位工作需要，经××研究决定，任命××同志为××处长。

××（公章）
××年××月××日

范例 5-2 奖惩类决定

奖惩类决定一般在奖惩单位或者个人时使用。因此，首先应将作出该决定的依据、原因、意义等说清楚；其次内容要准确、措辞要精练，奖励和惩处的内容要清楚，要让人一看就知道奖励是什么或者惩处是什么。需要注意不要用容易引起歧义的语言或者语法。同时，也要注意最后的号召、希望或者警示的部分要有穿透性，要用合适的语言刺激受文者的心灵，以达到学习先进、鞭策后进、警示教育的目的。

国务院关于 2018 年度国家科学技术奖励的决定

国发〔2018〕44 号

各省、自治区、直辖市人民政府，国务院各部委、各直属机构：

为深入贯彻落实习近平新时代中国特色社会主义思想，全面贯彻党的十九大和十九届二中、三中全会精神，坚定实施科教兴国战略、人才强国战略和创新驱动发展战略，国务院决定，对为我国科学技术进步、经济社会发展、国防现代化建设作出突出贡献的科学技术人员和组织给予奖励。

根据《国家科学技术奖励条例》的规定，经国家科学技术奖励评审委员会评审、国家科学技术奖励委员会审定和科技部审核，由国务院批准并报请国家主席习近平签署，授予刘永坦院士、钱七虎院士国家最高科学技术奖……

全国科学技术工作者要向刘永坦院士、钱七虎院士及全体获奖者学习，不忘初心、牢记使命，继续发扬科学报国的光荣传统和追求真理、勇攀高峰的科学精神，以实现国家富强、民族振兴、人民幸福为己任，深入实施创新驱动发展战略，坚定不移走中国特色自主创新道路，着力实现原始创新重大突破，攻克关键核心技术，破解创新发展难题，为加快建设创新型国家、建设世界科技强国，决胜全面建成小康社会、夺取新时代中国特色社会主义伟大胜利、实现中华民族伟大复兴的中国梦作出新的更大贡献。

国务院

2018 年 12 月 28 日

范例 5-3　周知类决定

周知类决定的篇幅往往比较短小，一般用于将一些重大事项告知受众，使某项决定在某范围内周知。因此，拟制的时候，要注意依据所需要周知的范围和特点选择用语。一般是用一句话表明发布决定的单位名称、作出决定的会议名称、决定的名称等，然后将决定的原文附在后面。

中华人民共和国国务院令

第797号

《国务院关于修改和废止部分行政法规的决定》已经2024年11月22日国务院第46次常务会议通过,现予公布,自2025年1月20日起施行。

总理 李强

2024年12月6日

国务院关于修改和废止部分行政法规的决定

为全面贯彻党的二十大和二十届二中、三中全会精神,落实党和国家机构改革精神,推进严格规范公正文明执法,优化法治化营商环境,保障高水平对外开放,国务院对涉及的行政法规进行了清理。经过清理,国务院决定:

一、对21部行政法规的部分条款予以修改。(附件1)

二、对4部行政法规予以废止。(附件2)

本决定自2025年1月20日起施行。

附件:1. 国务院决定修改的行政法规
   2. 国务院决定废止的行政法规

范例5-4 重大事项类决定

因为涉及重大事项,在拟制的时候,一定要将所决定的事项的相关情况写清楚,包括依据、原因、目的、具体内容以及对受文者的要求等。以明确、肯定的语言为主,以增强说服力,便于受文单位遵照实施。

国务院关于在海南博鳌乐城国际医疗旅游先行区暂时调整实施《中华人民共和国药品管理法实施条例》有关规定的决定

国发〔2018〕43号

各省、自治区、直辖市人民政府,国务院各部委、各直属机构:

为进一步支持海南省试点发展国际医疗旅游相关产业,国务院决定在海南博鳌乐城国际医疗旅游先行区暂时调整实施《中华人民共和国药品管理法实施条例》第三十六条的规定，对先行区内医疗机构因临床急需进口少量药品（不含疫苗）的申请，由海南省人民政府实施审批。经批准进口的药品应当在指定医疗机构内用于特定医疗目的。海南省人民政府要明确审批的条件和程序，严格审查医疗机构提出的申请，对经批准进口的药品实施严格的药品追溯管理制度，加强对医疗机构使用药品的监督管理，做好药品不良反应的监测和处理，确保所进口的药品来源渠道安全可靠，确保药品使用安全，切实维护人民群众身体健康和生命安全。具体管理办法由海南省人民政府制定，报国务院药品监督管理部门和国务院卫生主管部门同意后实施。

国务院

2018 年 12 月 21 日

范例 5-5　法律法规类决定

法律法规类决定主要用于公布一些权力机关制定、修订或试行的法律文件，以及由政府部门制定的行政法规、方案等。因为涉及法律法规类需要严谨对待的内容，在拟制这种决定的时候，需要认真斟酌，采取合适的语言、结构等将所涉及的法律法规内容讲解透彻，标注清楚发布决定的单位名称、通过决定会议名称及时间、会议作出的决定内容以及决定施行的时限等。

全国人民代表大会常务委员会关于
修改《中华人民共和国社会保险法》的决定

（2018年12月29日第十三届全国人民代表大会常务委员会第七次会议通过）

第十三届全国人民代表大会常务委员会第七次会议决定对《中华人民共和国社会保险法》作如下修改：

一、将第五十七条中的"工商行政管理部门"修改为"市场监督管理部门"。

……

本决定自公布之日起施行。

《中华人民共和国社会保险法》根据本决定作相应修改，重新公布。

第6章

命令（令）的写作

- 6.1 命令（令）的含义、种类及适用范围　　/ 46
- 6.2 命令（令）的写作要领　　/ 46
- 6.3 命令（令）的写作模板及范例　　/ 47

命令（令）的含义、种类及适用范围

《党政机关公文处理工作条例》规定，命令（令）是"适用于公布行政法规和规章、宣布施行重大强制性措施、批准授予和晋升衔级、嘉奖有关单位和人员"的公文。很明显，这种公文属于下行文。命令（令）使用的级别非常高，必须是具有相应职权的国家特定机关才能下达。一旦下达，对所涉及的相关工作就具有强制性，接到该公文的相关单位，必须对公文中所提及的相关事项无条件服从并执行，比如宣布实施重大强制性行政措施、嘉奖有功人员、发布法律法规和规章制度等。据《中华人民共和国宪法》和《中华人民共和国地方各级人民代表大会和地方各级人民政府组织法》规定：中华人民共和国主席、国务院、国务院各部委，以及县级以上地方各级人民政府，依照法律规定的权限，可以发布命令。其他任何单位和个人均不得发布。命令（令）具有非常强的指挥性、严肃性、强制性和权威性，因此，拟制此类公文的时候，一定要做到语气严肃，文字简练。

根据用途的不同，命令（令）可以分为公布令、行政令、嘉奖令、任免令、通缉令、赦免令等。

 ## 命令（令）的写作要领

命令（令）主要由标题、发文字号、主送机关、正文、落款等部分组成，如表6-1所示。

表6-1 命令（令）的关键点

要素	写作要求
标题	主要有三种格式：第一种由"发文机关+文种"构成，如《中华人民共和国国务院令》；第二种由"发令机关+发文事由+文种"构成，如《国务院、中央军委关于授予××同志武警警衔的命令》；第三种由"事由+文种"构成，如《关于××的命令》
发文字号	在标题正下方，注明发文机关代字、年份、发文顺序号等
主送机关	如果是周知性的命令（令），不用写主送机关；如果是有针对性的命令，则要按照正常格式写上受文单位名称

第6章 命令（令）的写作

续表

要素	写作要求
正文	主要包括发布命令（令）的依据、原因、目的、具体事项等。一般情况下，命令（令）的篇幅都比较短小精悍，可以采用分条式、分段式等书写，具体采取哪种形式，要按照实际情况进行选择。如果是发布法律法规类的命令（令），则要将法律法规以附件的形式附在文后。最后，用"特发此令""现予公布""现予公布施行"等结尾。 拟制的时候，一定要做到数据、时间、地点准确无误，语言简练，意思表达清楚
落款	按照正常的行文格式，在正文的右下角，注明发文机关名称、成文日期等，凡签署领导人姓名者，必须标明该领导人职务的全称，并加盖印章

6.3 命令（令）的写作模板及范例

 公布令

公布令是一种根据国家最高权力机关的决定，发布重要法律、行政法规时所使用的命令性公文。一般情况下发布此类命令（令）的主体是国家最高权力机关或国家元首等。写法比较简单，不要任何修饰，只要简明、扼要地将所涉及的内容写清楚即可。

中华人民共和国主席令

第二十号

《中华人民共和国公务员法》已由中华人民共和国第十三届全国人民代表大会常务委员会第七次会议于 2018 年 12 月 29 日修订通过，现将修订后的《中华人民共和国公务员法》公布，自 2019 年 6 月 1 日起施行。

中华人民共和国主席 习近平
2018 年 12 月 29 日

范例 6-2　行政令

行政令是用于发布重大的强制性行政措施的一种公文,发布该类公文的主体一般是国家领导机关或国家领导人。

国务院关于在我国统一实行法定计量单位的命令

(1984年2月27日发布)

一九五九年国务院发布《关于统一计量制度的命令》,确定米制为我国的基本计量制度以来,全国推广米制、改革市制、限制英制和废除旧杂制的工作,取得了显著成绩。为贯彻对外实行开放政策,对内搞活经济的方针,适应我国国民经济,文化教育事业的发展,以及推进科学技术进步和扩大国际经济、文化交流的需要,国务院决定在采用先进的国际单位制的基础上,进一步统一我国的计量单位。经一九八四年一月二十日国务院第二十一次常务会议讨论,通过了国家计量局《关于在我国统一实行法定计量单位的请示报告》《全面推行我国法定计量单位的意见》和《中华人民共和国法定计量单位》。现发布命令如下:

一、我国的计量单位一律采用《中华人民共和国法定计量单位》(缚后)。

二、我国目前在人民生活中采用的市制计量单位……

三、计量单位的改革是一项涉及到各行各业和广大人民群咨的事……

四、本命令责成国家计量局负责贯彻执行。

本命令自发布之日起生效。过去颁布的有关规定,与本命令有抵触的,以本命令为准。

中华人民共和国法定计量单位

我国的法定计量单位(以下简称法定单位)包括:

(1)国际单位制的基本单位(见表1);

……

法定单位的定义、使用方法等,由国家计量局另行规定。

注:表1、2、3、4、5略。

第 7 章

公报的写作

7.1	公报的含义、种类及适用范围	/ 50
7.2	公报的写作要领	/ 50
7.3	公报的写作模板及范例	/ 51

公报的含义、种类及适用范围

《党政机关公文处理工作条例》规定,公报是"适用于公布重要决定或者重大事项"的公文。这种公文通常是在就国家重大事项、经过会议讨论决定的相关文件等对全社会进行周知的时候使用,比如,我们常见的"新闻公报"就属于此类,类似的还有"联合公报""会谈公报"等。公报具有很强的新闻性和严肃性,所报道的事项具有绝对的权威性,并且必须是新近发生的、具有重大意义和全国人民比较关心的,需要全社会周知的。真实性和新闻性是公报的核心特点。

日常生活中常见的公报有新闻公报、联合公报、会议公报等。

 ## 公报的写作要领

公报主要由标题、成文日期(或者发文字号)、正文、落款等部分组成,如表7-1所示。

表7-1 公报的关键点

要素		写作要求
标题		主要有三种格式:第一种由"发文机关+事由+文种"构成,如《中华人民共和国和××关于××的联合公报》;第二种由"会议名称+文种"构成,如《上海合作组织成员国外长理事会会议新闻公报》;第三种是只写"新闻公报""联合公报"几个字,即《联合公报》《新闻公报》
发文字号		按照公文正常格式书写即可
正文	开头	主要写明时间、地点、人物等
	主体	要用完整、准确、真实的语言,清楚地写出公报所需要表达的内容,如事件的过程以及与此有关的立场、态度、做法、评价等。可以按照事件顺序写,也可以按照事件发生、发展的基本逻辑写;可以采用分条式书写,也可以采用编号的形式书写
	结尾	如果是会议类公报,就需要提出号召和要求;如果是新闻公报,结束语可以视情况省略;如果是联合公报,则可以在结尾处补充一些意义、意向等,也可省略

续表

要素	写作要求
落款	标题中已经注明制发机关和成文日期的,可以省略落款,标题中没有注明制发机关和成文日期的,需要按照正常格式书写。如果是联合公报,需要在正文后面落款处注明双方或多方签署人的身份、姓名

要注意公报与公告的区别。公告是以国家的名义,就某重大事项面向国内外进行公布的;而公报是就某重大事项或者重大决定面向国内人民进行公布的。当以联合公报的形式出现的时候,也可以是两个或两个以上的国家、政府或者团体就某重大事项达成一致意见后,进行联合发布。

7.3 公报的写作模板及范例

 联合公报

联合公报一般在国家领导人会晤或者国际合作过程中,涉事各方就某些重大问题进行讨论,形成共同看法或达成一定的协议,明确各自权利和义务之后,以报道类的稿件形式进行发布的公文。在拟制的时候,要注意落款一定要有所涉各方代表的签字盖章。语言选择上以就事论事为准,不要妄加议论,更不要主观臆断地增加内容,一定要保证内容绝对真实。

上海合作组织成员国政府首脑(总理)
理事会第十七次会议联合公报

2018年10月11日至12日,上海合作组织(以下简称"上合组织")成员国政府首脑(总理)理事会第十七次会议在塔吉克斯坦共和国杜尚别举行。印度共和国外交部长斯瓦拉杰、哈萨克斯坦共和国总理萨金塔耶夫、中华人民共和国国务院总理李克强、吉尔吉斯共和国总理阿布尔加济耶夫、巴基斯坦伊斯兰共和国外交部长库雷希、俄罗斯联邦政府总理梅德韦杰夫、塔吉克斯坦共和国总理拉苏尔佐达、乌兹别克斯坦共和国总理阿里波夫出席会议。

塔吉克斯坦共和国总理拉苏尔佐达主持会议。

上合组织秘书长阿利莫夫、上合组织地区反恐怖机构执行委员会主任瑟索耶夫、上合组织实业家委员会理事会主席陈洲和上合组织银行联合体轮值主席代表、中国国家开发银行副行长刘金出席会议。

……

各代表团团长对塔方的热情接待和上合组织成员国政府首脑（总理）理事会会议高水平的组织工作表示感谢。

上合组织成员国政府首脑（总理）理事会下次会议将于2019年在乌兹别克斯坦共和国举行。

印度共和国外交部长　斯瓦拉杰

哈萨克斯坦共和国总理　萨金塔耶夫

中华人民共和国国务院总理　李克强

吉尔吉斯共和国总理　阿布尔加济耶夫

巴基斯坦伊斯兰共和国外交部长　库雷希

俄罗斯联邦政府总理　梅德韦杰夫

塔吉克斯坦共和国总理　拉苏尔佐达

乌兹别克斯坦共和国总理　阿里波夫

范例 7-2　会议公报

会议公报是一种以报道重要会议或会谈的决定和情况为主要内容的公报。拟制过程中需要将会议、会谈进展、经过及对某些问题达成的协议等写清楚，如会议的时间、地点、参加人、主持人、议题、内容等。

中国共产党第十九届中央纪律检查委员会第三次全体会议公报

（2019年1月13日中国共产党第十九届中央纪律检查委员会第三次全体会议通过）

中国共产党第十九届中央纪律检查委员会第三次全体会议，于2019年1月11日至13日在北京举行。出席这次全会的有中央纪委委员132人，列席221人。

中共中央总书记、国家主席、中央军委主席习近平出席全会并发表重要讲话。

李克强、栗战书、汪洋、王沪宁、赵乐际、韩正等党和国家领导人出席会议。

全会由中央纪律检查委员会常务委员会主持。全会以习近平新时代中国特色社会主义思想为指导,全面贯彻落实党的十九大精神,回顾2018年纪检监察工作,总结改革开放40年来纪检监察工作经验,部署2019年任务,审议通过了赵乐际同志代表中央纪委常委会所作的《忠实履行党章和宪法赋予的职责,努力实现新时代纪检监察工作高质量发展》工作报告。

……

全会要求,各级纪检监察机关要一以贯之用习近平新时代中国特色社会主义思想武装头脑、指导实践、推动工作,一以贯之坚定践行"两个维护",一以贯之贯彻落实全面从严治党的方针和要求,把握"稳"的内涵、强化"进"的措施,持续深化转职能、转方式、转作风,使各项工作思路举措更加科学、更加严密、更加有效。

……

全会按照党章规定,选举卢希同志为中共中央纪律检查委员会常务委员会委员。

全会号召,要紧密团结在以习近平同志为核心的党中央周围,奋发进取、砥砺前行,扎扎实实推进全面从严治党、党风廉政建设和反腐败斗争,为深入贯彻落实党的十九大精神和党中央重大决策部署、决胜全面建成小康社会、实现中华民族伟大复兴的中国梦不懈奋斗!

范例 7-3 新闻公报

新闻公报是一种以新闻体裁的形式对国家或政府间达成的某些重要共识进行周知时所使用的公文。拟制的过程中需要将形成共识的时间、地点、具体事项等写清楚,内容要绝对真实。

中华人民共和国政府和柬埔寨王国政府
联合新闻公报

一、应中华人民共和国国务院总理李克强邀请,柬埔寨王国首相洪森于2019年1月20日至23日对中国进行正式访问。访问期间,国家主席习近平会见了洪森首相,国务院总理李克强同洪森首相举行会谈,全国人大常委会委员长栗战书、全国政协主席汪洋分别会见了洪森首相。

二、柬方高度评价中国改革开放伟大成就，衷心祝愿中国在以习近平总书记为核心的中共中央领导下，不断朝着实现"两个一百年"奋斗目标胜利迈进。相信中国人民将把中国建设成富强民主文明和谐美丽的社会主义现代化强国。

中方重申尊重柬埔寨的独立、主权和领土完整，支持柬埔寨根据自身国家利益选择的独立政策和发展道路。中方衷心祝愿柬埔寨在西哈莫尼国王庇佑下，在以洪森首相为首的新一届王国政府领导下，不断取得国家建设事业新的更大成就。

......

十四、双方对洪森首相访华取得的成果表示满意，一致认为此访为推动两国全面战略合作伙伴关系发展注入了新动力。洪森首相对访华期间受到中方热情友好接待表示感谢。

2019年1月23日于北京

范例 7-4 事项公报

事项公报是一种一般性的公报，拟制过程中需要将所涉及事项的详细情况写清楚。

2017年全国收费公路统计公报

交通运输部
2018年8月24日

根据《政府信息公开条例》的有关规定，经汇总各省（区、市）已公布的收费公路统计数据，现将2017年全国收费公路统计汇总结果公报如下：

一、收费公路总体情况

......

二、政府还贷公路情况

......

三、经营性公路情况

......

四、通行费减免情况

……

附表:2017 年全国收费公路统计汇总表 .pdf

第 8 章

公告的写作

8.1	公告的含义、种类及适用范围	/ 57
8.2	公告的写作要领	/ 57
8.3	公告的写作模板及范例	/ 58

公告的含义、种类及适用范围

《党政机关公文处理工作条例》规定,公告是"适用于向国内外宣布重要事项或者法定事项"的公文。这种公文的使用级别比较高,一般是以国家的名义对国内外发生的重大事件或者具有重要意义的事项进行宣布和告知,具有很强的法定性、新闻性和重要性等特点。常用的公告有法定事项性公告、重大事项性公告,以及专业事项性公告等。

 ## 公告的写作要领

公告主要由标题、发文字号、正文、落款等部分组成,如表 8-1 所示。

表8-1 公告的关键点

要素		写作要求
标题		主要有四种格式:第一种由"发文机关+事由+文种"构成,如《××局关于××的公告》;第二种由"发文机关+文种"构成,如《中华人民共和国全国人民代表大会公告》;第三种由"事由+文种"构成,如《关于××的公告》;第四种是只写"公告"两个字,即《公告》
发文字号		公告一般不写发文字号。但是当需要连续发布公告的时候,就要按照正常的发文字号写法,在标题正下方、正文正上方的位置以"第×号"进行标注
正文	开头	主要写明发布该公告的依据、缘由和目的等
	主体	说明公告的事项、决定、要求或者相关事项等
	结尾	一般用"特此公告""现予以公告"等结束全文,有时候也可以不用结束语,视具体情况而定
落款		按照正常格式书写即可。如果标题中已经出现制发单位的,落款处可以省略制发机关;但是落款需要盖章的时候,需要写清制发机关全称。在正文右下角位置,注明拟制发布公告的单位名称和成文日期,并加盖公章

拟制时,要注意其使用范围,国家机关使用公告公布事项,只限于自己职权范围内。除了国家级的公告外,日常生活中,最常见的公告就是法院对案件审理的相关公告。

8.3 公告的写作模板及范例

范例 8-1　重大事项性公告（1）

重大事项性公告一般在政府机关就某重大事件当众正式公布或者公开宣告、宣布时使用。日常工作中，一些机关团体和社会团体也经常使用此类公文。拟制时，需要将所涉及事项的具体内容、标准、决定、时限等交代清楚。

国家税务总局
关于加快出口退税进度有关事项的公告

国家税务总局公告2018年第48号

为深入贯彻落实国务院关于加快出口退税进度的决定，现将有关事项公告如下：

一、优化出口退（免）税企业分类管理

（一）调整出口企业管理类别评定标准：

……

（二）取消管理类别年度评定次数限制。

……

五、施行日期

本公告自发布之日起施行。《出口退（免）税企业分类管理办法》（国家税务总局公告2016年第46号发布）第五条第一项第3目、第六条第三项、第九条"出口企业管理类别评定工作每年进行1次，应于企业纳税信用级别评价结果确定后1个月内完成"的规定同时废止。

特此公告。

国家税务总局
2018年10月15日

范例 8-2　重大事项性公告（2）

国家统计局关于 2017 年国内生产总值（GDP）最终核实的公告

按照我国国内生产总值（以下简称 GDP）核算和数据发布制度规定，年度 GDP 核算包括初步核算和最终核实两个步骤。近日，根据国家统计局统计年报、财政部财政决算和有关部门年度财务资料等，国家统计局对 2017 年 GDP 数据进行了最终核实，主要结果如下：

经最终核实，2017 年，GDP 现价总量为 820754 亿元，比初步核算数减少了 6367 亿元；按不变价格计算，比上年增长 6.8%，比初步核算数下降 0.1 个百分点。三次产业和各行业数据见附表。

特此公告。

附表：2017 年 GDP 最终核实数与初步核算数对比
附件：中国 GDP 年度核算说明

国家统计局
2019 年 1 月 18 日

范例 8-3　法定事项性公告

法定事项性公告是为了将国家颁布的相关法律法规、规章制度向受文单位进行周知而拟制的，需将所需要公告的名称、依据、原因、要求等写清楚，同时将所涉及的相关法律法规或者规章制度原文以附件形式附在正文结尾处。

国家税务总局关于取消 20 项税务证明事项的公告

国家税务总局公告 2018 年第 65 号

为贯彻落实党中央、国务院关于减证便民、优化服务的部署要求，根据《国务院办公厅关于做好证明事项清理工作的通知》（国办发〔2018〕47 号），按照《国家税务总局关于实施进一步支持和服务民营经济发展若干措施的通知》（税总发〔2018〕

174号）的安排，税务总局决定取消20项税务证明事项（详见附件），现予以发布。自发布之日起，附件所列证明事项停止执行。附件所列证明事项涉及的规范性文件，按程序修改后另行发布。

各级税务机关应认真落实取消税务证明事项有关工作，不得保留或变相保留，不得将税务机关的核查义务转嫁纳税人；应及时修改涉及取消事项的相关规定、表证单书和征管流程，明确事中事后监管要求；要树立诚信推定、风险监控、信用管理相关理念，进一步减少纳税人向税务机关报送的资料，探索推行告知承诺制。

各级税务机关应以本次清理工作为契机，进一步转变管理方式，规范监管行为，优化营商环境，更好地为市场主体增便利、添活力。

本公告自发布之日起施行。

特此公告。

附件：取消的税务证明事项目录

国家税务总局
2018年12月28日

范例 8-4　专项性公告

专项性公告是针对某项专门性事项进行周知的公告。拟制时，要将公告所涉及的专门事项的名称、依据、决定等说清，并将所涉及事项的相关文件原文附在正文结尾处。

海关总署关于进口哈萨克斯坦大麦植物检疫要求的公告

公告〔2019〕11号

根据我国相关法律法规和《中华人民共和国海关总署和哈萨克斯坦共和国农业部关于哈萨克斯坦大麦输往中国植物检疫要求议定书》，现将《进口哈萨克斯坦大麦植物检疫要求》予以公布，符合上述要求的哈萨克斯坦大麦允许进口。

本公告自发布之日起实施。

特此公告。

附件：进口哈萨克斯坦大麦植物检疫要求.doc

海关总署

2019 年 1 月 9 日

第 9 章

通告的写作

- **9.1** 通告的含义、种类及适用范围　/ 63
- **9.2** 通告的写作要领　/ 63
- **9.3** 通告的写作模板及范例　/ 64

9.1 通告的含义、种类及适用范围

《党政机关公文处理工作条例》规定，通告是"适用于在一定范围内公布应当遵守或者周知的事项"的公文。很明显，这种公文属于下行文，具有周知性、宣告性、制约性等特点。日常工作中，这种公文使用非常广泛，在各种宣传栏、报纸、网络、电视等媒体中都可以看到，其主要作用是向特定群体告知某项工作，一经发布，特定受文群体就必须按照通告的内容处理相关事项，不得违反。

日常工作中，通告主要有知照性通告、重大事项性通告、专门工作性通告等。

9.2 通告的写作要领

通告主要由标题、发文字号（或者发文时间）、正文、落款等部分组成，如表9-1所示。

表9-1 通告的关键点

要素		写作要求
标题		主要有四种格式：第一种由"发文机关＋事由＋文种"构成，如《××市关于××的通告》；第二种由"事由＋文种"构成，如《关于××的通告》；第三种由"发文机关＋文种"构成，如《××通告》；第四种只写"通告"两个字，即《通告》，出现这种情况时，要在落款处注明发文机关名称
发文字号		实际工作中，通告的发文字号有多种形式。一般情况下，政府机关发布的通告要按照正常格式拟制发文字号，如"市政发〔××〕××号"。如果是一般单位或者部门发布的通告，通常在标题正下方、正文正上方，居中位置写"第××号"即可；如果是一些基层企事业单位发布的通告，也可以不写发文字号
正文	开头	通常情况下，通告的构成有三大块，即通告的缘由、事项及要求。通告的缘由也就是我们常说的开头部分，这部分主要说明发布通告的背景、根据、目的、意义等。如果是涉法性的通告，还应该注明所依据的相关法律条款，并用"为……特通告如下"或者"根据……决定……特此通告"引出通告的具体事项

续表

要素		写作要求
正文	主体	通告的事项部分也就是我们常说的主体部分，这部分是通告的核心内容，应该将需要周知或者需要遵守的事项写清楚。拟制的时候可以采取分段式，也可以采取分条式，事项较多的时候，一般用分项式。不管采取哪种方式书写，都要确保将所通告的内容表达清楚，行文严谨，一目了然
	结尾	通常要提出相关要求和希望，并且这种要求有明显的强制性。如果内容需要，还要特别注明执行的时间、范围以及有效期等。并用"特此通告"或"本通告自发布之日起实施"等结束全文
落款		相关日期已经在标题下方正中间位置注明的，落款可以省略；如果标题下方没有标明的，需要按照正常格式落款。在正文右下角位置，注明拟制发布的单位名称和成文日期，并加盖公章

9.3 通告的写作模板及范例

 知照性通告

知照性通告在具体写法和写作注意事项上，与知照性通知的情况类似，需要注意的只是语言的选择，要考虑通告和通知的受众不同。另外，这种通告除了对情况进行普适性周知之外，还要将相关要求、施行时限等内容写清楚。

农业农村部关于施行渔船进出渔港报告制度的通告

为加强渔船进出渔港管理，落实安全生产主体责任，便利渔船进出渔港，加强捕捞渔获物监管，依据《中华人民共和国渔业法》《中华人民共和国海上交通安全法》《中华人民共和国渔港水域交通安全管理条例》等相关法律法规和《国务院关于取消一批行政许可等事项的决定》（国发〔2018〕28号）文件精神，我部决定施行渔船进出渔港报告制度。现通告如下。

一、适用范围

……

二、管理主体

……

三、报告责任

……

四、报告程序

……

五、管理要求

……

六、设备要求

……

七、其他事项

进出港的非渔业船舶应参照本制度向渔港所在地管理部门报告。

内陆和船长 12 米以下海洋渔业船舶进出渔港的报告制度可由各省（自治区、直辖市）渔业行政主管部门根据本地实际另行规定。

本制度自 2019 年 8 月 1 日施行。

农业农村部
2019 年 1 月 21 日

范例 9-2　重大事项性通告

重大事项性通告是拟制通告的机关向受文对象公布重要事情、重大事项，或者公布需要共同遵守或注意的相关事项时所使用的公文。拟制过程中要将所涉及事项的时间、地点、原因、具体内容、结果以及相关要求写清楚。此外，若有相关附件，应将其标注在正文末尾。

市场监管总局关于 17 批次食品不合格情况的通告

〔2019年第3号〕

近期，市场监管总局组织抽检肉制品、饼干、豆制品、粮食加工品、乳制品、特殊医学用途配方食品和食用农产品等 7 类食品 2402 批次样品。根据食品安全国家标准检验和判定，其中抽样检验项目合格样品 2385 批次、不合格样品 17 批次（见附件），不合格食品涉及微生物、农兽药残留、重金属等指标。具体情况通告如下：

一、××市××有限公司尚志分公司销售的××市××有限公司生产的××，菌落总数不符合食品安全国家标准规定。检验机构为国家食品质量安全监督检验中心。

……

对抽检中发现的不合格产品，市场监管总局已责成相关省级市场监管部门依法予以查处。天津、黑龙江、福建、湖南、广东等省（市）市场监管部门已督促食品生产企业、进口商查清产品流向、召回不合格产品、分析原因进行整改……以上省级市场监管部门自通告发布之日起7日内向社会公布风险防控措施，3个月内向市场监管总局报告核查处置情况并向社会公布。

特此通告。

附件：1. 本次检验项目
   2. 部分不合格项目的小知识
   ……

市场监管总局
2019年1月21日

范例 9-3　专门工作性通告

专门工作性通告一般都是由涉及某项专门工作的部门所拟制下发的。因此，在拟制的过程中，要将通告的名称、决定事项、时限、要求等写清楚。

农业农村部关于调整长江流域专项捕捞管理制度的通告

农业农村部通告〔2018〕5号

为贯彻《国务院办公厅关于加强长江水生生物保护工作的意见》，落实长江流域重点水域禁捕工作部署，保护长江流域水生生物资源，根据《中华人民共和国渔业法》有关规定，对长江流域专项捕捞管理制度进行调整，现通告如下。

自2019年2月1日起，停止发放刀鲚（长江刀鱼）、凤鲚（凤尾鱼）、中华绒螯蟹（河蟹）专项捕捞许可证，禁止上述三种天然资源的生产性捕捞。

原农业部 2002 年 2 月 8 日发布的《长江刀鲚凤鲚专项管理暂行规定》(农渔发〔2002〕3 号)同时废止。未来上述资源的利用,根据资源状况另行规定。

附件:农业农村部关于调整长江流域专项捕捞管理制度的通告

农业农村部
2018 年 12 月 28 日

第10章

意见的写作

- **10.1** 意见的含义、种类及适用范围　　/ 69
- **10.2** 意见的写作要领　　/ 69
- **10.3** 意见的写作模板及范例　　/ 70

10.1 意见的含义、种类及适用范围

《党政机关公文处理工作条例》规定，意见是"适用于对重要问题提出见解和处理办法"的公文。当这种公文以下级机关向上级机关就某问题提出时，它属于上行文；当这种公文在同级机关就某问题进行沟通时，它属于平行文；当这种公文以上级机关就某事项向下级机关提出时，它属于下行文。意见具有很强的时效性，当所涉及的相关工作结束后，它就失去了实际意义。同时，意见具有很强的针对性和原则性，通常是针对解决某一重要问题所面临的实际情况提出见解和处理办法。需要注意的是，这些见解和处理办法并不等同于工作安排，而是基于具体问题具体分析得出的。

日常工作中，意见可以分为很多种，如具体工作意见、指导性意见、征求性意见、评估性意见和规划性意见等。

10.2 意见的写作要领

意见主要由标题、主送机关、正文、落款等部分组成，如表10-1所示。

表10-1 意见的关键点

要素		写作要求
标题		主要有两种格式：第一种由"发文机关＋事由＋文种"构成，如《国务院办公厅关于××的意见》；第二种由"事由＋文种"构成，如《关于××意见》
主送机关		意见的主送机关应为知照的单位或群体，如果是涉及面较广的普发性意见，可以不写主送机关
正文	开头	写清楚发布意见的背景、根据、目的、原因等。然后，用"现提出以下意见""特制定本实施意见"等过渡性语句承上启下，引起下段正文
	主体	意见只是对相关工作的表态和建议，因此不能用强制性语言。拟制意见的时候，要详细写清楚意见的具体内容，如对工作的基本看法、开展工作的原则要求、应该注意的相关事项等。在提出具体办法和措施的时候，要做到具体、准确，以便受文单位理解和执行。内容的安排上，应做到详略得当，层次分明，便于受文单位遵照执行
落款		在正文右下角位置，注明拟制发布意见的单位名称和成文日期，并加盖公章

10.3 意见的写作模板及范例

 具体工作意见

具体工作意见是上级机关就某项工作对下级机关提出具体的看法,并进行指导时所使用的公文。若采取其他决定、命令类公文,可能会显得很生硬。因此在处理业务性、指导性强的具体事务时,用意见这种公文会显得很柔和,更利于工作的开展。在拟制这种公文的时候,要注意选用平和的语言,将上级机关对某事项的看法写出来即可。

**河北省人民政府关于做好当前和今后一个时期
促进就业工作的实施意见**

冀改发〔2018〕21号

各市(含定州、辛集市)人民政府,各县(市、区)人民政府,雄安新区管委会,省政府各部门:

为认真贯彻落实《国务院关于做好当前和今后一个时期促进就业工作的若干意见》(国发〔2018〕39号)精神,努力稳定和扩大就业,确保完成就业目标任务和保持就业局势持续稳定,结合我省实际,提出如下实施意见。

一、加大扶持力度,促进企业稳定发展

……

(十六)注重引导,凝聚合力。引导困难企业更加注重运用市场机制、经济手段,通过转型转产、多种经营、内部挖潜、转岗培训、创新创业等,多渠道分流安置职工。困难企业与职工协商一致的,可采取协商薪酬、调整工时、轮岗轮休、在岗培训等措施,保留就业岗位。依法处理劳动关系,做好社会保险关系转移接续工作,保障职工合法权益。(各有关部门和单位,各市、县政府按职责分工负责)

各市政府、雄安新区管委会要在2018年12月31日前制定出台具体措施,确保各项政策顺利实施。

附件：任务分工实施方案

河北省人民政府
2018 年 12 月 14 日

范例 10-2　指导性意见

指导性意见主要是上级机关针对下级机关某项工作阐明基本观点和看法时所使用的公文，对相关工作起到一定的指导作用。这种公文看起来类似于指示、命令，但实际上，按照我国政治制度的特点，行政工作与党政工作有所不同，一般情况下，行政机关不用指示，而党政机关会用指示。因此，在拟制这类公文的时候，要注意基于这种特点的措辞。另外也要注意多重领导的情况，有的单位有多重上级，可能与其中某一个上级机关只存在业务指导关系，不存在行政领导关系。这种情况下，上级机关采用指示、命令等公文，显然是不妥当的。这个时候应改用意见这种公文。故拟制时，一定要注意按照身份特点采取不同的表达方式。

河北省人民政府
关于贯彻落实企业职工基本养老保险基金
中央调剂制度的实施意见

冀改发〔2018〕53号

各市（含定州、辛集市）人民政府，各县（市、区）人民政府，雄安新区管委会，省政府各部门：

为全面贯彻落实《国务院关于建立企业职工基本养老保险基金中央调剂制度的通知》(国发〔201818〕号）精神，建立我省企业职工基本养老保险（以下简称企业养老保险）中央调剂基金上解下拨机制，进一步改革完善企业养老保险省级统筹制度，逐步实现养老保险基金统收统支，结合实际，提出如下实施意见。

一、总体要求和主要任务

（一）指导思想。（略）

（二）基本原则。（略）

（三）主要任务。（略）

二、明确中央调剂基金上解下拨办法

……

十二、加强组织领导

贯彻落实基金中央调剂制度，完善省级统筹制度，关系到我省养老保险制度可持续发展。（略）

本实施意见自印发之日起施行。我省以前有关规定凡与本实施意见不一致的，按本实施意见执行。各市根据本实施意见制定具体实施办法，并向省人力资源社会保障厅、省财政厅备案。

河北省人民政府

2018年11月3日

范例 10-3　征求性意见

征求性意见是就某项即将推广或者发布的法律法规，以及相关工作情况，广泛征求意见，以便顺利推进工作而拟制的。在拟制的过程中，要注意将需要征求的原因、依据、要求、联系方式等说清楚，并将相关附件附在正文末尾。

《关于进一步推动我省既有住宅加装电梯的指导意见（征求意见稿）》征求意见

为适应经济社会发展和人口老龄化需求，完善我省既有住宅使用功能，提高居住品质，方便居民生活，我厅组织起草了《关于进一步推动我省既有住宅加装电梯的指导意见（征求意见稿）》。为积极稳妥地把好事办好，现再次公开向社会征求意见。请将有关意见或建议（请注明姓名和联系方式），于9月20日前通过信函、电子邮件等方式反馈省住房城乡建设厅。

通信地址：（略）

邮　　编：（略）

电子信箱：（略）

附　　件：（略）

××

××年××月××日

第 11 章 通知的写作

11.1	通知的含义、种类及适用范围	/ 74
11.2	通知的写作要领	/ 74
11.3	通知的写作模板及范例	/ 75

通知的含义、种类及适用范围

《党政机关公文处理工作条例》规定，通知"适用于发布、传达要求下级机关执行和有关单位周知或者执行的事项，批转、转发公文"。因此，通知属于知照性公文，使用广泛，主要用来布置工作、传达指示、发布规章制度、批转文件等，内容以详细具体为主要特征。日常工作中，通知大量用于转发上级机关、同级机关和不相隶属机关的公文，批转下级机关的公文，要求下级机关办理某项事务等。这种公文有平行文和下行文两种属性，大到国家机关，小到基层单位，都可以使用通知这种公文。

常见的通知主要有知照性通知、发布性通知、批转性通知、转发性通知、指示性通知、事务性通知、任免性通知等多个种类。

 ## 通知的写作要领

通知主要由标题、主送机关、正文、落款等部分组成，如表 11-1 所示。

表11-1 通知的关键点

要素		写作要求
标题		有三种格式：第一种由"发文机关+事由+文种"构成，如《××局机关关于做好春节期间安全管理工作的通知》；第二种由"事由+文种"构成，如《关于××有关情况的通知》；第三种是只写文种，即只写"通知"这两个字。当需要发布规章制度类通知时，要在题目中将规章制度的名称加上书名号
主送机关		指需要接受并贯彻落实通知精神的具体单位，写作上要按照规范格式置于标题下方空一行、正文上方居左顶格。主送机关名称的写法可以根据实际情况进行精简，如"国家发展和改革委员会"可以简称为"国家发展改革委"。但是在精简的过程中要注意不能产生歧义，更不能因为精简造成不同单位名称之间的混淆。当主送机关名称较长、较多，一行放不下时，可以另起一行顶格继续书写，或者参照国务院相关文件写法进行书写
正文	开头	主要是将发布通知的背景、根据、目的、意义等表达明白，使受文者能清楚地明白发文的缘由即可；同时用"现将有关事项通知如下"承上启下，引起下段正文

续表

要素		写作要求
正文	主体	主要将需要受文单位贯彻落实的基本情况写清楚,可以采取分段式,也可以采取分条式,根据通知内容合理进行选择,争取做到条理清晰、语言得体,没有歧义。在拟制执行相关事项的具体措施时,要严格遵照实际情况,不能脱离实际,导致受文单位无法执行,增加受文单位工作难度
落款		在正文右下角位置注明发文单位名称和成文日期,并加盖公章

要注意通知与通报的区别。通报通常用于批评错误、表彰先进、传达重要精神或者交流重要情况;而通知一般用于安排工作、周知事项、要求执行任务等。

11.3 通知的写作模板及范例

 批转性通知

批转性通知是将有关公文作为附件下发给受文单位的通知,这种通知一般在需要转发相关规章制度或者向受文单位原样印发相关公文时使用。在拟制这种通知的时候,要注意将需要转发的有关公文、转发的原因、目的、依据、意义以及有关要求和希望等写清楚,并将需要转发的公文标题作为附件,准确地写在正文下空一行的位置。

北京市教育委员会关于印发《北京市普惠性幼儿园认定与管理办法(试行)》的通知

京教学前〔2019〕2号

各区教委、燕山教委:

为进一步规范普惠性幼儿园管理,促进普惠性学前教育事业发展,我委研究制定了《北京市普惠性幼儿园认定与管理办法(试行)》,现印发给你们,请结合实际贯彻执行。各区制定的工作细则请及时报我委。

附件：《北京市普惠性幼儿园认定与管理办法（试行）》

北京市教育委员会
2019 年 1 月 31 日

北京市普惠性幼儿园认定与管理办法（试行）

为深入贯彻党中央、国务院关于学前教育发展的系列文件精神，落实《北京市第三期学前教育行动计划》，构建以公办幼儿园和普惠性民办幼儿园为主体、公办民办并举的多种形式的学前教育公共服务体系，推进学前教育普及普惠安全优质发展，根据北京市学前教育发展实际，制定本办法。

一、认定

（一）参与范围

……

四、相关要求

（一）加强日常监管。区教育行政部门要充分运用学前教育管理信息系统做好普惠性幼儿园的数据统计与运行监管工作；要在日常工作中按月开展对普惠性幼儿园安全、质量方面的常态化督查，实现动态监管。

……

五、附则

普惠性幼儿园中教育部门办园的保障运行所需经费按原渠道执行。

本办法自 2019 年 2 月 1 日起试行。

范例 11-2　知照性通知

知照性通知是使用非常广泛的一种通知，日常工作中所接触的通知大多属于此类。通常在需要受文单位知晓某事项的情况下使用，具有执行性、广泛性、灵活性和时效性等特点。拟制此类通知的时候一定要将需要知照的目的、意义、具体内容、注意事项、相关要求等写清楚。

体育总局办公厅
关于做好 2019 年大型体育场馆免费或低收费开放工作
有关事宜的通知

体群字〔2019〕11号

各省、自治区、直辖市、计划单列市、新疆生产建设兵团体育局：

为切实做好2019年大型体育场馆免费或低收费开放工作，督促大型体育场馆更好地向公众开放，进一步提高公共体育服务水平，现就有关工作通知如下。

一、做好2019年度场馆补助资金申报工作

……

各省、自治区、直辖市、计划单列市、新疆生产建设兵团体育局要高度重视此项工作，切实负起责任，完善体育场馆开放监督检查机制，组织专门力量对本行政区域内受补助场馆的免费或低收费开放情况逐一进行检查，重点要聚焦于2019年场馆开放工作方案是否按体育总局要求在网上和场馆现场公开、场馆开放公开方案是否得到认真落实。要向社会公布检查结果，于2019年8月30日前将检查报告上报体育总局群体司，并对存在问题的场馆限期整改。

体育总局办公厅
2019年1月15日

范例 11-3　指示性通知

指示性通知主要在上级机关就某项重要工作进行安排部署或者就某项工作作出指示指导时使用，具有浓厚的政策性、指导性和宏观性。拟制指示性通知的时候一定要注意所含内容的针对性和实用性，要紧密结合相关工作的实际情况进行指导，切忌大话、空话，更不能脱离相关工作实际乱指导。

人力资源社会保障部办公厅关于推进技工院校学生
创业创新工作的通知

人社厅发〔2018〕138号

各省、自治区、直辖市及新疆生产建设兵团人力资源社会保障厅（局）：

资源下载码：GW2509

为深入贯彻党的十九大精神和习近平总书记在全国教育大会上的重要讲话精神，全面落实国务院《关于大力推进大众创业万众创新若干政策措施的意见》（国发〔2015〕32号）和《关于做好当前和今后一个时期促进就业工作的若干意见》（国发〔2018〕39号）等政策要求，大力推进技工院校学生创业创新工作，促进实现更高质量就业，现就做好有关工作通知如下：

一、工作目标

……

二、主要任务

……

三、工作要求

……

各地实施工作的情况，请及时报部职业能力司。

人力资源社会保障部办公厅
2018年12月18日

范例 11-4　任免性通知

任免性通知的写法比较简单，一般是上级机关对下级机关进行人事任免时使用，因此，主要需将任免的情况写清楚。当然，拟制的时候一定要将所涉及的人员的原职务和现职务交代明白，所涉及人员的其他工作情况一般不需要过多陈述。

市人民政府关于××等同志任免职的通知

××府任〔××〕××号

各县、自治县、区（市）人民政府，××市政府各部门，各直属机构：

市人民政府决定：

××同志任××副局长（试用期一年）；

××同志任××，不再担任××副主任职务；

××同志不再担任××职务。

××
××年××月××日

范例 11-5 事务性通知

事务性通知是针对具体工作要求或安排的公文。它是在本系统内由上级机关向下级机关拟制下发的，当需要安排部署相关事务时就会使用，比如，安排相关工作，传达具体事项、召集具体会议等。这种通知的内容比较详细，需要将所涉及的具体事务的前因后果、具体内容、具体细节等说清楚，以便下级机关遵照执行。

关于印发《中央财政城镇保障性安居工程专项资金
管理办法》的通知

财综〔××〕××号

各省、自治区、直辖市、计划单列市财政厅（局）、住房城乡建设厅（委），新疆生产建设兵团财政局、建设局，财政部各地监管局：

为了规范中央财政城镇保障性安居工程专项资金管理，提高资金使用效益，根据《中华人民共和国预算法》和国家保障性安居工程的有关法律法规及《中共中央、国务院关于全面实施预算绩效管理的意见》等预算管理的相关规定，我们重新制定了《中央财政城镇保障性安居工程专项资金管理办法》。现印发给你们，请遵照执行。

××年××月下达的中央财政城镇保障性安居工程专项资金清算仍按照《财政部住房城乡建设部关于印发〈中央财政城镇保障性安居工程专项资金管理办法〉的通知》（财综〔××〕××号）执行。

附件：中央财政城镇保障性安居工程专项资金管理办法

财政部住房城乡建设部
××年××月××日

第 12 章

通报的写作

- 12.1　通报的含义、种类及适用范围　/ 81
- 12.2　通报的写作要领　/ 81
- 12.3　通报的写作模板及范例　/ 82

通报的含义、种类及适用范围

《党政机关公文处理工作条例》规定，通报是"适用于表彰先进、批评错误、传达重要精神和告知重要情况"的公文。通报属于下行文，使用非常广泛，教育性、政治性、警示性是其最突出的特点。正确使用通报，对推动和纠正工作等具有很重要的作用。

在日常工作中，通报这种公文主要有表彰性通报、批评性通报、传达性通报、情况通报、督查通报等多种类型。

需要注意通告和通知、通报及公告的区别。通告所涉及的内容通常是比较重要且需要大家共同遵守的事项；通知通常用在对日常工作的周知和安排等方面；通报一般在涉及奖惩性、强制性等工作的时候使用。通告一般是对国内某些比较重大的事项进行告知时采用的一种公文，而公告则适用于向国内外宣布重要事项或者法定事项，其制发机关级别具有严格的限制。

 ## 通报的写作要领

通报主要由标题、主送机关、正文、落款等部分组成，如表 12-1 所示。

表12-1 通报的关键点

要素		写作要求
标题		主要有三种格式：第一种由"发文机关+事由+文种"构成，如《××区关于××通报》；第二种是由"事由+文种"构成，如《关于××的通报》；第三种只写"通报"两个字
主送机关		通报的主送机关要按照正常格式书写，置于标题下空一行、正文上方，靠左顶格写，有一些普发性的通报可以不写主送机关
正文	开头	用简明扼要的语言，写清楚拟制此通报的原因、概况、依据等，并用"现将有关情况通报如下"引出通报的具体事项
	主体	要把通报的具体情况详细地写出来，务必使受文者能够通过这一部分的内容，充分了解所通报事实的来龙去脉和制发此通报的重要性。比如，在拟制表扬性通报的时候，就应该把所要表扬的典型单位或者典型人物的工作概况、先进事迹、主要意义等写清楚；如果是批评性通报，则要把所需批评事项的具体情况、过程、危害、教育意义等写清楚。撰写的时候，可以采用分段式、分条

续表

要素		写作要求
正文	主体	式，也可以按照时间顺序采取叙述式。不管采取哪种方式书写，都要做到条理清楚、说理明白。最后，要对受文者提出相关要求，号召人们学习先进，或者警示人们吸取教训
	落款	在正文右下角位置，注明拟制发布通报的单位名称和成文日期，并加盖公章

12.3 通报的写作模板及范例

范例12-1 情况通报

情况通报是日常使用最为广泛的一种通报，主要作用是传达情况、沟通信息，推动当前工作。因此，情况通报具有强烈的沟通性，是上级机关就某事项作出的需要周知的公文。情况通报拟制的时候要注意将具体情况写清楚，包括所涉事项的起因、经过、结果、基本情况，以及相关要求等。通常需要将发文字号写在标题下方。

市场监管总局关于2018年电动平衡车产品质量国家监督专项抽查情况的通报

国市监质监函〔2019〕39号

各省、自治区、直辖市及新疆生产建设兵团市场监管局（厅、委）：

近期，市场监管总局组织开展了电动平衡车产品质量国家监督专项抽查。现将抽查情况通报如下：

一、基本情况

（一）本次抽查概况。共抽查23家企业生产的23批次产品（不涉及出口产品），抽查区域覆盖浙江、江苏、广东等主产区。共检出2批次不合格，不合格发现率为8.7%。

（二）本次抽查特点。一是采取"双随机"抽查方式。招标遴选入围检验机构，入围后通过"双随机"信息化系统，随机确定抽查企业，随机确定承检机构，并进行随机匹配。二是实施抽检分离。抽样由企业所在地市场监管部门组织实施，检验由"双随机"确定的技术机构承担。三是远程监控抽样全过程，提供可追溯性的证据。四是此次抽查为市场监管总局首次对电动平衡车产品组织开展产品质量国家监督专项抽查。

二、抽查结果分析

……

三、工作要求

针对本次产品质量国家监督专项抽查发现的问题，各省、自治区、直辖市及新疆生产建设兵团市场监管局（厅、委）要按照《中华人民共和国产品质量法》《产品质量监督抽查管理办法》等规定，认真做好后处理工作。

（一）对于本次抽查中产品质量不合格的生产企业，督促企业整改，并依法进行处理。

（二）针对本次抽查中不合格的项目，有关省份市场监管局（厅、委）要强化地方监督抽查，督促企业提升生产工艺水平，加强产品质量控制，保证产品质量安全。

（三）将本次抽查不合格产品情况通报地方政府及相关部门，采取有力措施，督促企业依法落实产品质量安全主体责任，引导企业严格按照标准组织生产，维护产品质量安全。

附件：2018年电动平衡车产品质量国家监督专项抽查产品及其企业名单

市场监管总局
2019年1月18日

范例12-2 督查通报

督查通报要注意将提出督查工作的原因、时间、范围、方式、总体情况等说清楚，并将督查工作中发现的问题和情况写出来，最后再提出相关要求。目的就是要通过这种方式，引起人们的警醒，防止类似情况再次出现。

交通运输部办公厅关于2018年全国公路建设市场督查情况的通报

各省、自治区、直辖市、新疆生产建设兵团交通运输厅（局、委）：

按照《交通运输部办公厅关于开展2018年公路水运建设市场督查工作的通知》

（交办公路函〔2018〕505号）要求，部组织督查组，采用"双随机"抽查方式，分别对辽宁、安徽、广东、西藏、新疆和山西等6省（区）公路建设市场行业监管和项目管理情况进行了督查。现将情况通报如下。

一、督查工作情况

督查期间，部督查组随机抽查高速公路、普通国省干线公路和农村公路在建项目22个，共计52个设计、施工、监理合同段，并核查了9家公路设计、施工和监理从业企业资质符合情况。督查内容包括公路市场准入、基本建设程序、招标投标、信用体系建设、合同履约、推进"四好农村路"建设、保证金清理和农民工工资支付以及企业资质标准符合情况等方面，特别针对甘肃折达公路考勒隧道事件暴露出来的相关问题开展了重点检查，并督促省级交通运输主管部门聚焦上述问题开展专项整治。督查共发现问题113项（见附件），提出整改意见50条，分别向被督查省份印发了督查情况通报。

二、公路建设市场总体情况

……

三、公路建设市场存在的主要问题

（一）建设程序方面。

……

四、下一步工作要求

……

请各地结合实际，对通报的问题举一反三，加大监督、整改力度，强化制度执行力，进一步提高公路建设管理水平。部将实施问题清单销号管理，适时开展整改情况"回头看"，以实现整改流程闭环，确保问题整改到位并取得实效。

附件：2018年全国公路建设市场综合督查问题清单

交通运输部办公厅
2018年12月31日

范例 12-3　表彰性通报

表彰性通报是为了表彰先进集体和个人，树立先进典型和榜样，或者总结某项已经完成的工作，号召大家学习借鉴并发扬光大的公文。拟制的时候要将所涉及的相关人员或相关事项的基本情况写清楚，并多用鼓励、鼓舞、表扬性的语言，激发大家的学习热情。

国务院办公厅关于对国务院第五次大督查发现的典型经验做法给予表扬的通报

国办发〔2018〕108号

各省、自治区、直辖市人民政府，国务院各部委、各直属机构：

为进一步推动党中央、国务院重大决策部署贯彻落实，国务院部署开展了第五次大督查。从督查情况看，各地区、各部门在以习近平同志为核心的党中央坚强领导下，以习近平新时代中国特色社会主义思想为指导，全面贯彻党的十九大和十九届二中、三中全会精神，认真落实中央经济工作会议部署和《政府工作报告》提出的任务要求，迎难而上，真抓实干，扎实做好稳增长、促改革、调结构、惠民生、防风险各项工作，实现了经济社会持续健康发展。实地督查发现，一些地方在打好三大攻坚战和实施乡村振兴战略、深化"放管服"改革、推进创新驱动发展、持续扩大内需、推进高水平开放、保障和改善民生等方面，锐意改革，勇于创新，在实践中创造和形成了一批好的经验做法。

为表扬先进，树立典型，进一步激励各地区、各部门担当作为、狠抓政策见效，推动形成改革创新、干事创业的生动局面，经国务院同意，对北京市大力推进外国人来华工作许可制度改革等130项地方典型经验做法予以通报表扬。希望受到表扬的地方珍惜荣誉，再接再厉，充分发挥模范表率作用，取得新的更大成绩。

各地区、各部门要坚决贯彻落实党中央、国务院决策部署，坚持稳中求进工作总基调，坚持新发展理念，坚持以供给侧结构性改革为主线，坚定不移推动高质量发展，加大改革开放力度，认真学习借鉴典型经验做法，结合实际探索创新，改进作风，狠抓落实，以钉钉子精神做实做细做好各项工作，确保完成全年经济社会发展主要目标任务，为决胜全面建成小康社会、夺取新时代中国特色社会主义伟大胜利作出新的更大贡献。

附件：国务院第五次大督查发现的典型经验做法（共130项）

国务院办公厅
2018年11月19日

范例 12-4 批评性通报

批评性通报是针对某人或者某单位因某项工作出现问题，需要提出批评、给予处分，以警示其他人员，避免再犯错误；或者对某项事故或反面典型进行通报，要求大家吸取教训的公文。在拟制的过程中，要注意重点是将情况写清楚，把根源找准，把处理的决定写明，并提出具体要求，敦促大家吸取教训。

国务院办公厅关于××、××省××起特大煤矿瓦斯爆炸事故调查处理情况的通报

国办发〔××〕××号

各省、自治区、直辖市人民政府，国务院各部委、各直属机构：

××年，全国安全生产形势总体稳定，生产安全事故总起数和死亡总人数比上年都有所下降。但部分地区生产安全重特大事故仍然时有发生。××年××月××日，××省××煤矿发生特大瓦斯爆炸事故，造成××名矿工遇难。××月××日至××日，××省连续发生××起特大煤矿瓦斯爆炸事故……给人民群众生命财产造成了巨大的损失，教训极其惨痛。事故发生后，党中央、国务院领导同志高度关注，立即作出重要批示，指派有关负责同志立即赶赴事故现场，指导组织事故抢险和调查。为深刻吸取事故教训，防止重特大事故发生，按照国务院领导同志的批示精神，现将已经结案的××、××省××起特大煤矿瓦斯爆炸事故调查处理情况予以通报。

经调查认定，××、××省发生的××起特大煤矿瓦斯爆炸事故均为责任事故。这××起事故，反映出部分地方和企业安全生产责任制不落实，现场管理不严的问题仍然很严重；个别地方政府领导"安全第一"的思想树得不牢，没有摆正发展经

济与安全生产的关系；部分煤矿企业在煤炭市场趋于好转的情况下，不顾安全生产条件盲目扩大生产。目前，××起事故的直接责任人和负有领导责任的有关人员已经受到党纪政纪处分，触犯法律的已经移送司法机关依法处理。

××事故的××名直接责任人已经在事故中死亡，不再追究责任。（略）

××事故的直接责任人××、××被移交司法机关依法追究刑事责任。（略）

为深刻吸取教训，防止重特大事故发生，特提出如下要求：

一、牢固树立"安全第一"思想。煤矿安全生产事关人民群众的生命财产安全，事关社会稳定大局。（略）

二、建立煤矿安全生产长效机制。各地区、各部门要把加强煤矿安全生产保障机制建设作为实现煤矿长治久安的重要内容，健全法制，完善机制，促进煤矿安全生产。（略）

三、深化煤矿安全生产专项整治。（略）

四、加大煤矿安全监管监察工作力度。（略）

国务院办公厅
××年××月××日

第 13 章

报告的写作

- **13.1** 报告的含义、种类及适用范围 / 89
- **13.2** 报告的写作要领 / 89
- **13.3** 报告的写作模板及范例 / 90

13.1 报告的含义、种类及适用范围

《党政机关公文处理工作条例》规定，报告是"适用于向上级机关汇报工作、反映情况，回复上级机关的询问"的公文。这种公文是下级机关向上级机关的行文，以反映情况为主，主要用于汇报工作、反映情况、提出意见建议、答复上级机关有关询问等，主要作用就是便于上级机关及时掌握工作开展情况，并及时进行跟踪指导。因此，此类公文属于上行文，使用主体和所涉及的工作内容都非常广泛，大到国家机关，小到基层单位、社会团体、企事业单位，都可以使用，具有很强的汇报性和沟通性。写作中要注意语气的谦恭性和文字的精确性。

日常工作中，常见的报告有工作报告、情况报告、批转性报告、专题报告、综合报告、调查报告等种类。

13.2 报告的写作要领

报告主要由标题、主送机关、正文、落款等部分组成，如表13-1所示。

表13-1 报告的关键点

要素		写作要求
标题		一般有三种格式：第一种由"制发机关+事由+文种"构成，如《××市生态环境局春节期间烟花爆竹禁放管理工作报告》；第二种由"事由+文种"构成，如《××年度森林防火工作报告》；第三种是只写"报告"两个字
主送机关		报告的主送机关一般是具有隶属关系的直接上级机关，通常情况下按照规范格式书写，置于标题下空1行左侧顶格位置、正文上方。在拟制报告的时候，要注意两点：一是按照行文规则，报告不得越级使用，需要使用该类型公文的时候，必须面向直接上级；二是现实工作中很多单位受双重甚至多重上级机关领导，因此，有时候需要向多个上级报送，这种情况下，需要对主送机关进行报送，同时向其他上级机关进行抄送
正文	开头	为了使上级能够快速了解所报告的具体工作概况，需要在报告的开头部分将报告的基本缘由、目的等讲解明白。实际写作中，一般先总述工作概况，并用"现将有关情况报告如下"承上启下，引起下段正文

续表

要素		写作要求
正文	主体	报告的主体是报告的重点内容,可以采用条款式、分段式等撰写,不管用哪种方式拟制,都应该将工作的原因、具体经过、结果、经验、教训等写清楚,并对工作中存在的问题或者成绩进行深入细致的分析。拟制的过程中,注意要脉络清晰、条理规范、层次合理,同时注意要有针对性。当然,按照内容来分的话,报告的种类很多,所以,每一份报告的写法和内容都不尽相同,在实践中应根据实际情况确定拟制内容的方式方法
	结尾	报告通常用"特此报告""以上报告如有不当,请指正"等惯用语来结束全文
落款		在正文右下角位置,注明拟制发布报告的单位名称和成文日期,并加盖公章

13.3 报告的写作模板及范例

 政府工作报告

  政府工作报告指的是下级机关向上级机关汇报工作、反映情况以及答复上级机关询问时使用的公文。比如,在我国历届全国人民代表大会上,国务院总理都会作政府工作报告。这种报告主要是总结上一阶段或者上一年度的工作,分析形势,总结经验和教训,安排部署下一阶段或者下一年度工作,提出工作建议等。拟制政府工作报告时,要注意将上一年度或者上一阶段的工作具体开展情况写清楚,内容要准确真实,宏观指导性要强,总结经验要具有代表性和典型性,对下一年度工作的安排要紧密结合实际,实事求是,相关建议要得体。

政府工作报告
——2025年3月5日在第十四届全国人民代表大会第三次会议上

国务院总理 李 强

各位代表:

  现在,我代表国务院,向大会报告政府工作,请予审议,并请全国政协委员提出意见。

一、2024 年工作回顾

……

二、2025 年经济社会发展总体要求和政策取向

……

三、2025 年政府工作任务

……

各位代表！信心凝聚力量，实干谱写华章。我们要更加紧密地团结在以习近平同志为核心的党中央周围，高举中国特色社会主义伟大旗帜，以习近平新时代中国特色社会主义思想为指导，迎难而上、锐意进取，努力完成全年经济社会发展目标任务，确保"十四五"规划圆满收官，为以中国式现代化全面推进强国建设、民族复兴伟业不懈奋斗！

范例 13-2 具体工作情况报告

具体工作情况报告是就某项具体工作事项向上级机关进行汇报所拟制的公文。这种报告具有事项的具体性和专门性，主要在汇报例行工作或临时工作情况时使用，是报告中常见的一种类型。这种报告具有语言的陈述性和行文的单向性等特点。因此，拟制具体工作情况报告时要注意措辞精简准确，不用修饰语，多用实例和数据，将所要汇报的情况写清楚。

民航局政府网站 2018 年第三季度抽查工作有关情况报告

民航综函〔2018〕108 号

民航局按照《国务院办公厅秘书局关于做好政府网站季度抽查工作的通知》（国办秘函〔2016〕48 号）文件要求，建立政府网站季度抽查机制。2018 年第三季度，民航局加大抽查力度，继续对民航局 8 个站点网站可用性、信息更新情况、互动回应情况和服务使用情况进行了专项检查，对排查中发现较为突出的问题，督促相关单位部门限时整改，现将 2018 年第三季度抽查工作有关情况报告如下：

一、二季度整改情况

第二季度，民航局网站抽查范围为全部政府网站群，包括民航局主站 1 个，地区管理局子站 7 个。针对网站底部功能区缺乏网站标识码的问题，民航局在第二季

度进行了整改，分别在 8 个站点添加了政府网站识别码。目前，8 个站点抽查合格率为 100%，抽查结果已在民航局政府网站予以公开。

……

六、下一步工作措施

下一步，民航局将进一步抓好官方网站日常管理，继续做好网站抽查工作，充分运用"我为政府网站找错"监督平台，及时回应社会关切、办理回复网民留言，全面排查网站风险隐患，对照普查指标对政府网站进行监管。

范例 13-3　需要上报多个上级机关的情况报告

需要上报多个上级机关的情况报告比较特殊，需要向多个上级机关同时进行汇报。当遇到这种报告时，要将存在隶属关系的直接上级单位名称放在主送机关位置，也就是标题下空一行、正文上方顶格书写；在全文末尾落款之后，另起一段，将需要报告的其他上级单位名称写在末尾。实际应用中，其他单位的名称一般要用两条横线与正文分隔开。

××省交通安全监控设施建设工作有关情况报告

××〔××〕××号

我县交通安全监控设施筹资工作，在县委、县政府的正确领导和各级有关部门的大力协助下，按照上级通知要求，行动快、效果好，截至 1 月 10 日为止，全县 60 个镇已有 30 个完成了集资任务，××率先完成任务。从全县总的情况来看，我县交通安全监控设施工作筹资工作有三大特点：一是宣传发动声势浩大，思想动员广泛深入；二是责任明确、措施得力；三是领导带头，率先垂范。但是，这项工作发展还很不平衡，不少镇进展比较慢，为此，县委、县政府要求各地进一步抓紧、抓好以下几个方面的工作。

一、各镇要进一步搞好宣传发动工作。为今年的筹资工作打下坚实基础。同时要把工作中出现的问题和矛盾解决在基层，确保筹资工作的顺利开展。

二、各镇要加快工作进度。目前全县的筹资工作时间紧迫，任务差距还很大，各地一定要按照县委、县政府的要求千方百计地完成下达任务，特别是任务完成较差的镇，要加大领导力度和工作力度，不得拖全县工作的后腿，筹资款项必须及时上交县上。

三、要严格按照县政府222号文件规定，加强领导，积极支持，不得互相推诿、扯皮而影响筹资工作，各相关部门要紧密配合……

××县交通安全监控设施筹资办公室
××年××月××日

报：地区筹资办、县委、县人大、县政府、县政协

范例 13-4 批转性报告

批转性报告是针对实际工作中存在的普遍性问题或者需要其他相关单位知晓并贯彻落实相关内容时使用的公文。这种报告在写法上应侧重于分析问题和提出具体要求，以便其他单位能够遵照落实。

国务院批转××关于××情况的报告

国发〔××〕××号

各省、自治区、直辖市人民政府，国务院各部委、各直属机构：

国务院同意××《关于××情况的报告》，现转发给你们，请认真贯彻执行。

××是××的重要措施之一。各地区、各部门要统一认识，坚决执行国务院的决定，正确处理局部与全局，眼前与长远，速度与效益，改革、发展与稳定，利用外资与维护国家利益的关系，促进国民经济持续、快速、健康地发展。

国务院
××年××月××日

关于××情况的报告

国务院：

根据××的具体要求，今年××月，在国务院领导下，成立了……由有关单位负责同志带队……在历时××天××工作中……经过……在……基础上，××作了初步工作总结。现将主要情况和我们的建议报告如下：

一、××的基本情况

……

二、当前××存在的主要问题

……

三、对××的几点建议

……

××要求……目前……此次××工作计划于××月底结束,届时向国务院提出调查报告。

……

鉴于……建议……争取……

以上报告如无不妥,建议批转各地区、各部门遵照执行。

××
××年××月××日

范例 13-5　专题报告

专题报告是一种针对专门工作进行报告的公文,这种报告所含内容具有专题性,不具有普遍性,是在针对某项专门工作或者专门问题,需要一题一报时使用的,比如某项具体工作情况、某项具体工程进展等。在拟制的过程中,要注意突出该专项工作的特点,提出专门性的意见和建议。

关于××工作的报告

国务院:

××指出……近年来,××工作取得很大成绩……

一、充分发挥××的增产作用,不断选育出接班品种。

……

二、成立××公司,加快××推广速度。

……

××
××年××月××日

第14章

请示的写作

14.1 请示的含义、种类及适用范围　　/ 96

14.2 请示的写作要领　　/ 96

14.3 请示的写作模板及范例　　/ 97

14.1 请示的含义、种类及适用范围

《党政机关公文处理工作条例》规定，请示是"适用于向上级机关请求指示、批准"的公文。很明显，请示是一种上行文，一般要在开展某项具体工作或者作出某项具体问题的决定之前，以公文的形式向上级行文，以征求上级意见或就某事项获得上级批准。另外，当下级机关无权决定有关事项、问题，不清楚有关方针、政策、法规、制度的具体内容时，需要请求上级机关给予明确答复时也可以使用。当上级机关接到下级机关的请示公文后，应当及时给予回复。需要注意的是，拟制请示的过程中，要做到一事一请，不能在同一个请示中涵盖多个事项，上级机关也只能一事一批，请示与批复要一一对应。结尾要视情况用词，做到不卑不亢，比如，可以用"妥否，请批示"等结尾。

请示具有专项性、单向性、具体性等特点。日常工作中，常见的请示有请求批转的请示、请求指示的请示、事项性请示等种类。

 ## 14.2 请示的写作要领

请示主要由标题、主送机关、正文、落款等部分组成，如表14-1所示。

表14-1 请示的关键点

要素		写作要求
标题		一般有两种格式：第一种由"制发机关＋事由＋文种"构成，如《××公司购买××装备的请示》；第二种由"事由＋文种"构成，如《关于××同志提前晋升职务的请示》。 需要注意的是，请示的标题不能省略到只写"请示"二字，必须将核心内容体现在标题中
主送机关		置于标题下空一行左侧顶格、正文上方位置。 需要注意的是，请示需要逐级行文，不得越级。在实际工作中，遇到必须越级请示的特殊情况时，一定要在越级请示的同时，向直接上级进行抄送，并遵守关于向上级行文的有关规定
正文	开头	要简明扼要地说明请示的理由，以便上级快速掌握情况，作出决定。为了使上级批准请示，请示的理由要写得充分、有说服力

续表

要素		写作要求
正文	主体	主要是将请示的事项分条拟写清楚,要注意语言得体,尽量用"拟""计划"等之类的词语。一般情况下,请示要遵照一事一请的原则进行拟制,同一份请示一般不涵盖两个或两个以上工作内容
	结尾	主要采用类似于"妥否,请批示"等惯用语来结束全文
落款		在正文右下角位置,注明拟制发布请示的单位名称和成文日期,并加盖公章

14.3 请示的写作模板及范例

 14-1　请求批转的请示

请求批转的请示主要在下级单位向上级单位作出需要扩大相关事项推广范围,或者当下级机关在操作某事项的过程中遇到问题,需要上级机关协调各方面力量协同办理时使用,比如本单位提出的涉及重大事项的决策、重要工作的安排部署、重要规章制度的拟制发布等。在拟制的过程中,要将所涉及内容的特点和需要批转的理由说清楚,以便上级机关能够及时进行批转。通常情况下,这种请示的内容重点应放在请求批转的具体事项和缘由上。

关于××有关问题的请示

国务院:

为贯彻落实《××的意见》(中发〔××〕××号)关于"××"的精神……经××同意并与有关省市协商,确定在北京、天津、河北、辽宁、上海、江苏、浙江、福建、山东、河南、湖南、湖北、广东、四川、陕西、重庆等16个省(市)扩大××规模(其中××)。为××的任务落到实处,现提出如下意见:

一、逐年扩招,分步实施

……

二、保证必要的办学投资和办学条件

……

三、加强领导，明确职责

......

以上请示如无不妥，请批转各有关省（市）人民政府执行。

附件：××

××
××年××月××日

范例 14-2　具体工作事项性请示

具体工作事项性请示主要是发出请示的单位因某项需要向受文单位作出明确说明，并希望受文单位给予明确答复时使用的公文。拟制这类公文时，要注意用词言简意赅、准确无误，将所需要说明的事项精确说明，可以分段写，也可以分条、分项写。在拟制的过程中，要注意避免使用修饰语，以免引起歧义，并以"妥否，请批示"或者"敬请尽快批示"结尾。

关于增加装修费用的请示

××经理：

遵照公司董事会关于从速装修本公司办公楼的决定，我们已开始对本公司进行装修。但是，在装修过程中，发现了一些问题尚需解决，具体如下：

一、在原计划中，水泥需要20千克，共计1000元，在我们实际装修中发现水泥不足，还需要10千克，共计500元。为尽快完成公司内部的装修工程，我们建议再增补500元，以确保公司装修工程的正常推进。

二、经公司董事会成员一致同意，原定的顶棚吊顶设计需要增加吊顶灯3个。经过对现市场上各类吊顶灯的款式进行对比，我们最终确定了一款适合公司吊顶装修的花篮式吊顶灯，需要再增加费用5000元。

妥否，请批示。

××
××年××月××日

第 15 章 批复的写作

- **15.1** 批复的含义、种类及适用范围 / 100
- **15.2** 批复的写作要领 / 100
- **15.3** 批复的写作模板及范例 / 101

15.1 批复的含义、种类及适用范围

《党政机关公文处理工作条例》规定，批复是"适用于答复下级机关请示事项"的公文。也就是说，这种公文主要在上级机关对下级机关的书面请示批注意见和指导工作时使用，在实践中使用非常广泛，使用频率也很高。需要注意的是，上级机关在对下级机关的请示作出批复时，一定要注意掌握实情，实事求是，不能闭门造车，作出不符合实际的批复。同时，批复应一事一批复，同一个批复公文中不要涉及其他问题。除此之外，上级机关在作出批复时，要注意行文简短，内容明确，以对下级机关起到很好的指导作用为主要目的。拟制批复标题时，要注意三要素齐全，制发机关名称要准确，事由部分要精练。

批复的种类很多，在日常工作中常见的批复有肯定性批复、否定性批复、指示性批复、解答性批复、表态性批复等。无论是哪一种批复，鲜明的针对性、内容的明确性和权威性是其最突出的特点。

15.2 批复的写作要领

批复主要由标题、主送机关、正文、落款等部分组成，如表15-1所示。

表15-1 批复的关键点

要素		写作要求
标题		通常有两种格式：第一种是"制发机关+事由+文种"，如《××关于××的批复》；第二种是"事由+文种"，如《关于××的批复》
主送机关		置于标题下空一行左侧顶格、正文上方位置，主送机关就是作出请示的下级机关
正文	开头	写明作出批复的根据，通常要写清两个方面的问题：第一个是下级机关上报请示事项的日期、具体工作问题和请示文号等；第二个是简要地引述来文所请示的事项，然后用"经研究，现批复如下"引起下文
正文	主体	将批复和指示的意见表达清楚，要根据实际情况和法律法规规定，表明态度、作出恰当的答复，并说明理由，也可以对完成批复事项的具体办法以及如何防止出现问题提出要求。需要注意的是，在作出批复前，要对下级机关所作的相关请示认真研究，有针对性地提出意见建议。语言要得体，态度要鲜明，同时要注意不能超越权限作出批复

续表

要素		写作要求
正文	结尾	一般在正文结尾后，另起一行，用"特此批复""此复""请遵照执行"等结束全文
	落款	在正文右下角位置，注明拟制发布决定的单位名称和成文日期并加盖公章

15.3 批复的写作模板及范例

 15-1 表态性批复

表态类批复主要用于鉴复请求批准类的请示，态度非常明确，或同意或不同意。拟制这类批复时，一定要注意态度的明确性，要用准确、清楚的语言，精确、简洁地表达相关内容，避免使用修饰语、模棱两可的语言以及多义语，以免引起歧义。内容必须依据下级机关所呈的相关请示来拟制，绝对不可以出现与下级机关所呈相关请示无关的内容。

<h3 style="text-align:center">交通运输部关于国际航行船舶
临时进入海南省部分非开放水域期限的批复</h3>

海南省商务厅：

《海南省商务厅关于商请批准外籍船舶 2019 年度临时进入我省非开放水域装运鱼苗出口的请示》（琼商〔2018〕534 号）收悉。根据《国务院关于口岸开放的若干规定》的有关规定，经征询国家检查检验机构和总参意见，同意国际航行船舶临时进入海南省万宁市大洲岛、文昌市龙楼和陵水县新村港非开放水域，期限自 2019 年 2 月 1 日至 2019 年 6 月 30 日。

你厅应督促相关部门认真履职，确保临时进出万宁市大洲岛、文昌市龙楼和陵水县新村港的国际航行船舶严格遵守国家法律法规以及军方有关规定要求，提前报告船舶进出港动态，做好在船人员的管理，遵守通航管理规定，确保船舶安全。

请按照国家有关规定和要求，尽快完成口岸正式开放所需手续。

交通运输部
2019 年 1 月 2 日

范例 15-2　指示性批复

指示性批复通常包含两重含义：一是明确表示同意下级机关的有关请示事项；二是对下级机关所请示事项的具体贯彻落实提出指导性意见。在拟制这类批复时，其写法和语言的运用跟表态性批复要求一样，即一定要用准确、清晰的语言，精确表达相关内容，同时一定要注意态度的明确性，避免使用修饰语、模棱两可的语言及多义语，以防产生歧义。

中共中央　国务院
关于对《北京城市副中心控制性详细规划（街区层面）（2016年—2035年）》的批复

中共北京市委、北京市人民政府：

你们《关于报请审批〈北京城市副中心控制性详细规划（街区层面）(2016年—2035年)〉的请示》收悉。现批复如下：

一、同意《北京城市副中心控制性详细规划（街区层面）(2016年—2035年)》（以下简称《城市副中心控规》）。（略）

二、坚持高质量发展，把城市副中心打造成北京的重要一翼。（略）

……

十一、加强规划组织实施。规划建设城市副中心是历史性工程，要树牢"四个意识"，坚定"四个自信"，坚决做到"两个维护"，坚持一张蓝图干到底，保持历史耐心，一件一件事去做，一茬接一茬地干，发扬"工匠"精神，精心推进、稳扎稳打、久久为功，不留历史遗憾。（略）

《城市副中心控规》执行中遇有重大事项，要及时向党中央、国务院请示报告。

中共中央
国务院
2018 年 12 月 27 日

范例 15-3　解答性批复

解答性批复是下级机关对有关法律法规、规章、制度等相关内容不清楚、不了解或者存有疑问，就所涉及的问题向上级机关递交请示进行询问时，上级机关针对下级机关所递交的请示作出具有权威性、政策性解读所使用的公文。需要注意的是，这种解释必须由具有解释权的上级单位拟制下发。若上级单位无权解释，则应将下级机关的相关请示逐级上报或提交给更高级的机关。批复的内容一定要及时、准确，不能使用易产生歧义的语言。

最高人民法院
关于适用刑事诉讼法第二百二十五条第二款有关问题的批复

法释〔2016〕13号

河南省高级人民法院：

你院关于适用《中华人民共和国刑事诉讼法》第二百二十五条第二款有关问题的请示收悉。经研究，批复如下：

一、对于最高人民法院依据《中华人民共和国刑事诉讼法》第二百三十九条和《最高人民法院关于适用〈中华人民共和国刑事诉讼法〉的解释》第三百五十三条裁定不予核准死刑，发回第二审人民法院重新审判的案件，无论此前第二审人民法院是否曾以原判决事实不清楚或者证据不足为由发回重新审判，原则上不得再发回第一审人民法院重新审判；有特殊情况确需发回第一审人民法院重新审判的，需报请最高人民法院批准。

二、对于最高人民法院裁定不予核准死刑，发回第二审人民法院重新审判的案件，第二审人民法院根据案件特殊情况，又发回第一审人民法院重新审判的，第一审人民法院作出判决后，被告人提出上诉或者人民检察院提出抗诉的，第二审人民法院应当依法作出判决或者裁定，不得再发回重新审判。

此复。

第 16 章

议案的写作

- **16.1** 议案的含义、种类及适用范围 / 105
- **16.2** 议案的写作要领 / 105
- **16.3** 议案的写作模板及范例 / 106

16.1 议案的含义、种类及适用范围

《党政机关公文处理工作条例》规定，议案是"适用于各级人民政府按照法律程序向同级人民代表大会或者人民代表大会常务委员会提请审议事项"的公文。这种公文属于平行文。议案应由具有法定职权的相关政府针对受文单位职权范围内的相关事项，依据法律程序向同级受文单位提出。所提议案必须严格遵守法律法规相关规定，不能违反现行法律。同时，需要注意的是，议案所涉及的事项，必须是受文单位职权范围之内的事项。议案的提交要注意时间，一般要在同级人民代表大会或者其常务委员会举行会议规定的期限前提出。议案具有所涉及事项的依法性、受理的权限性等特点。

在日常公文使用中，议案的种类主要有立法性议案、人事任免性议案、重大事项性议案等。

16.2 议案的写作要领

议案主要由标题、主送机关、正文、落款等部分组成，如表16-1所示。

表16-1 议案的关键点

要素		写作要求
标题		主要有两种格式：第一种由"制发机关+事由+文种"构成，如《××人民政府关于提请审议××的议案》；第二种由"事由+文种"构成，如《关于××的议案》
主送机关		按照规范公文格式书写，需要注意的是，议案的主送机关名称必须写全
正文	开头	主要写清楚提请议案的原因、背景、目的、意义、必要性等
	主体	主要说明所提议案的相关内容、希望解决的问题，并提出解决办法。撰写过程中，要注意内容的合理合法和解决问题方法的科学有效性
	结尾	另起一行，用"请予审议""现提请审议""请审议通过"等结束正文
附件		递交议案之前，一定要将相关材料准备齐全，以便于补充说明结束全文
落款		在正文右下角位置，注明拟制发布议案的单位名称和成文日期，并加盖公章

16.3 议案的写作模板及范例

范例 16-1 立法性议案

立法性议案简单直接地写明需要审议的议案名称,议案的具体内容则以附件形式附于正文之后。

关于提请审议××的议案

××市人民代表大会常务委员会:

××已于××年××月××日经市第××届人大常委会第××次主任会议讨论通过,现提请审议。

附件:××

××市人民代表大会常务委员会主任会议
××年××月××日

范例 16-2 人事任免性议案

人事任免性议案是提请相关部门对某人事进行任免时使用的公文。拟制时要将提议所涉及人员的原职称、现职称写清楚,并将所涉及人员的简历以附件形式附于正文之后。

关于提请任免××等职务的议案

××:

根据《中华人民共和国地方各级人民代表大会和地方各级人民政府组织法》第四十四条第九款规定,现提请:

××任××;

免去××的××职务;

××任××局长;免去××的××职务;

……

请予审议。

附件：××、××等的简历及工作情况

××市人民政府市长
××年××月××日

范例 16-3　重大事项性议案

重大事项性议案应将所涉及事项的名称、通过的会议名称、通过的时间以及相关要求写清楚，并将所涉及的相关事项的具体内容以附件形式附于正文之后。

关于提请审议××的议案

××：

××已于××年××月××日经省第××届人大常委会第××次会议讨论通过，特提请审议，并委托省人大常委会秘书长××同志到会作说明。

附件：××

××
××年××月××日

第17章

函的写作

17.1	函的含义、种类及适用范围	/ 109
17.2	函的写作要领	/ 109
17.3	函的写作模板及范例	/ 110

17.1 函的含义、种类及适用范围

《党政机关公文处理工作条例》规定,函是"适用于不相隶属机关之间商洽工作、询问和答复问题、请求批准和答复审批事项"的公文。也就是说,函是一种平行文,在实际工作中使用非常广泛,通常在互不隶属、相互平行的单位之间商洽工作、询问事项、答复提问时使用,具有显著的平行性、针对性、明确性和沟通性等特点。在拟制过程中,要注意一事一函。如果内容较多,可以分条或分项书写。语言上要讲究礼貌,掌握分寸。

在实践中,按照文本格式分类,函可以分为公函和便函;按照行文去向分类,函可以分为去函和复函;按照内容和用途分类,函可以分为商务事宜函、征求意见函、邀请函、答复函、催办函、协作函等。

17.2 函的写作要领

函主要由标题、主送机关、正文、落款等部分组成,如表17-1所示。

表17-1 函的关键点

要素		写作要求
标题		主要有两种格式:第一种由"制发机关+事由+文种"构成,如《教育部办公厅关于征求对新版〈中等职业学校专业目录〉意见的函》;第二种由"事由+文种"构成,如《关于××的函》
主送机关		即接收此函的机关,置于标题下空一行左侧顶格、正文上方位置
正文	开头	在实践中,来函和复函开头的写法略有不同。来函是主动行文,因此在开头要把发函的缘由、根据、目的等介绍清楚,然后另起一行,写明来函需要办理的具体事项;而复函的开头与批复很类似,在写法上先引用来函相关内容作为复函的一句,而后用"经研究,函复如下""现复函如下"等引起下一段,对来函所商洽或者询问的事项,作出明确答复
	主体	主要说明发函或者复函的相关内容,因为是在互不隶属的单位之间使用,所以函的语言要简洁明了,注意把握分寸;同时要注意工作的时效性,要在有效期内及时作出答复或者出具相关意见
	结尾	发函一般用"专此函答""敬请函复"等作结;复函多用"此复""特此函复"等结束全文
落款		在正文右下角位置,注明拟制发布函的单位名称和成文日期,并加盖公章

17.3 函的写作模板及范例

范例 17-1 征求意见函

征求意见函的主要特点就在于"征求"二字,因此,在拟制相关内容时,一定要注意语言的商洽性、询问性,以及态度的谦虚性、诚恳性,要争取使相关函件起到沟通事务、融洽关系的作用。在写作上,这种公文一般比较灵活,在不违背基本的公文行文格式的前提下,可以自由发挥;在内容上,要将发函的依据、原因、目的、时限、联系方法等说明清楚。

教育部办公厅关于征求对新版《中等职业学校专业目录》意见的函

教职成厅函〔2018〕69号

各省、自治区、直辖市教育厅(教委),各计划单列市教育局,新疆生产建设兵团教育局,国务院有关部门办公厅(室),有关单位:

为更好地体现新技术革命和产业升级对职业教育的新要求,促进专业对接产业,引导中等职业学校科学合理地设置和调整专业,提高人才培养质量,2017年以来,教育部组织力量对现行中等职业学校专业目录进行修订,形成了新版《中等职业学校专业目录(征求意见稿)》(见附件1),现印发给你们,请研究提出修改意见建议。

……

有关意见建议请于2019年1月15日前反馈至教育部职业技术教育中心研究所,并将电子版发送至××@163.com。征求意见稿文本电子版可在教育部网站(网址:××.cn)职业教育与成人教育司页面下载。

职教所联系人及电话:……

附件:1.中等职业学校专业目录(征求意见稿)
　　　……

教育部办公厅
2018年12月24日

范例 17-2 复函

复函主要用于答复来函方所询问的问题。因此，复函内容具有非常明显的单一性，即以来函内容为基本依据，针对来函的相关内容作出相应答复。在拟制过程中，同样需要注意运用合理的语言，鲜明地表达自身态度，避免使用容易引起歧义的语言。

工业和信息化部办公厅　应急管理部办公厅
关于同意西安高新区创建国家安全产业示范园区的复函

工信厅联安全函〔××〕××号

陕西省工业和信息化厅、陕西省应急管理厅：

《陕西省工业和信息化厅关于西安高新技术产业开发区创建国家安全产业示范园区的请示》（陕工信字〔××〕××号）收悉。按照《国家安全产业示范园区创建指南（试行）》（工信部联安全函〔××〕××号）规定的评审程序和评价标准，经评审和公示，同意西安高新区为"国家安全产业示范园区创建单位"。有关事项函告如下：

一、国家安全产业示范园区创建工作要以习近平新时代中国特色社会主义思想为指导，按照《关于加快安全产业发展的指导意见》（工信部联安全〔××〕××号）确定的产业发展方向和任务要求，进一步优化发展规划、聚焦发展方向、突出园区特色、提升建设标准、强化试点示范，引领西部地区安全产业发展。

二、陕西省工业和信息化厅、应急管理厅等单位要强化政策引导，在产业规划布局、重大专项、技术改造、公共服务平台、示范工程、产业基金等方面，集中资源予以重点支持，并及时总结经验，加强宣传推广。

三、按照《国家安全产业示范园区创建指南（试行）》的要求，工业和信息化部、应急管理部将对示范园区创建工作开展评估，实施"有进有出"的动态管理。

特此函复。

工业和信息化部办公厅应急管理部办公厅
××年××月××日

第18章

纪要的写作

- **18.1** 纪要的含义、种类及适用范围 / 113
- **18.2** 纪要的写作要领 / 113
- **18.3** 纪要的写作模板及范例 / 114

18.1 纪要的含义、种类及适用范围

《党政机关公文处理工作条例》规定,纪要是"适用于记载会议主要情况和议定事项"的公文。纪要也叫作会议纪要,这种公文的主要作用是以文字的形式对会议的基本情况、主要精神和会议议定的相关事项进行纪实性记录,用于存档、传达会议精神、指导实际工作。纪要一定要真实,以准确反映会议情况。记录的内容虽然要做到详略得当,但一定不要忘记突出重点,如与会人员的发言情况、会议对相关事项的讨论情况(若存在讨论分歧,则更要记录准确清楚)、会议形成的共识等。

需要注意的是,并不是所有的会议都要形成纪要。通常情况下,只有非常重要的会议才会要求形成会议纪要。对于一些虽然召开了会议,但所研究的相关事项并没有形成最终的决定,而这些事项又需要有关人员充分了解,这种情况也需将会议的基本情况写成会议纪要,进行传达。

根据工作中的实际情况,纪要可以分为专项工作会议纪要、转发性纪要、日常工作会议纪要。

18.2 纪要的写作要领

纪要主要由标题、正文、落款等部分组成,如表18-1所示。

表18-1 纪要的关键点

要素		写作要求
标题		主要有三种形式:第一种由"制发机关+会议名称+文种"构成,如《××市人民政府办公会议纪要》;第二种由"会议名称+文种"构成,如《关于加快推进××的会议纪要》;第三种是主副标题式标题,如《加强思想政治建设的政治地位——××中队政治工作会议纪要》
标题		纪要的标题下方不需要写发文字号,通常写"第××期"。若标题中没有注明拟制单位的名称,则需在期号的左下方写明拟制单位的名称,右下方写明拟制的日期。需要注意的是,纪要的时间一般是纪要形成的时间,有时候也可以写会议结束的时间
正文	会议概述	简要介绍会议召开的时间、地点、主持人、出席人员以及会议主题等

续表

要素		写作要求
正文	纪要内容	需将会议的基本精神、议定事项、达成的共识、布置的工作及相关要求等写清楚。撰写的过程中，要注意抓住要领、认真提炼，层次要清晰，条理性和逻辑性都要强，记录要准确，内容要真实。由于大多数需要做纪要的都是大型或者非常重要的会议，因此这部分内容在会议实践中会非常复杂。拟制时，可以分条或分项撰写。通常情况下，以"会议认为""会议指出""会议提出"等开头，一个内容一个段落进行记录
	结尾	有的纪要需要在结尾提出号召和希望，这种写法需视情况而定
落款		若标题下方未标明日期等相关信息，则需在落款处注明。落款应位于正文右下角位置，需注明拟制发布会议纪要的单位名称和成文日期，并加盖公章

18.3 纪要的写作模板及范例

 专项工作会议纪要

专项工作会议纪要是对相关交流会议、座谈会议等进行记录的公文，通常内容比较重大，宏观指导性比较强。拟制过程中，要注意将会议所议定的相关内容分项写清楚；另外，还应根据会议的安排，及时将会议纪要送达相关部门。

中华人民共和国和大韩民国政府
关于结束中国-韩国自由贸易协定谈判的会议纪要

2014年11月10日

中华人民共和国政府和大韩民国政府（以下简称"签署方"）：

认识到中华人民共和国和大韩民国之间的战略合作伙伴关系；

……

在中华人民共和国主席习近平阁下与大韩民国总统朴槿惠阁下举行正式会见时，达成以下关于中韩自由贸易协定的谅解：

一、中韩自由贸易协定谈判已实质性结束；

二、按照指示，双方谈判团队将在年底前完成余留技术问题的谈判。

本纪要于二〇一四年十一月十日在北京签署,一式两份,以中文、韩文和英文书就,三种文本同等作准。

    中华人民共和国政府代表   大韩民国政府代表

    高虎城   尹相直

    中华人民共和国   大韩民国

    商务部部长   通商产业资源部部长

范例 18-2 转发类纪要

  转发类纪要在起草过程中应注意以下规范:第一段应准确标注会议主题,并明确表明该纪要是转发文件,同时需对受文单位提出具体工作要求。拟制时,应采用纪要的形式完整呈现会议核心内容。特别需要注意的是,转发类纪要的落款应为转发该纪要的单位名称,成文时间应标注为实际签发日期,而非直接沿用原会议时间。

<h2 style="text-align:center">××转发关于××的座谈纪要</h2>

国发〔××〕××号

××、××、××:

  现将××《关于××的座谈纪要》转发给你们,请认真研究执行。

  ××,是办好××、加速××、××的一项重大措施,也是××的一个重要途径。为了××,应先选择一些××进行试点,以便取得经验,逐步推广。试点的面要严格控制,不宜铺得太宽。××、××、××可以根据纪要精神作出本地区的具体实施方案和规定,在实践中不断总结经验,加以改进。对涉及改变现行体制和政策的一些问题,××和××的各有关部门要积极配合,共同研究,提出解决办法。请将××的情况和经验,及时报告××。

                     ××

                  ××年××月××日

范例 18-3 日常工作会议纪要

  日常工作会议纪要通常是领导机关用于反映会议研究的相关问题、部署工作的相关情况,并为即将开展的工作提供具体指导的公文。拟制过程中,要注意在第一部分清晰写明会议的时间、地点、召集人、出席人、专题研究事宜等内容,如"××年××月××日,××领导在××会议室召集××,专题研究××有关事宜,会议纪要如下"。然后,将会议相关内容分项写清楚。

<h1 style="text-align:center">××市委常委会会议纪要</h1>

〔××〕××号

时间:××年××月××日

地点:××

主持人:××

参加人:××、××、××

列席人:××、××、××

会议议题:××

一、认真学习××的通知,对我市前段时间××的工作情况和××进行深入的梳理和总结,进一步总结经验,提炼特点,明确当前和今后该项工作任务持续开展的基本依据。

二、会议认为,前期我市开展的××工作过程顺利,成效显著,工作人员态度坚决、工作扎实,涌现了很多的先进做法和经验,但对成绩不能过高的估计,而应理性地看到该项工作中出现的一些问题,比如思想认识的差距和工程总量的艰巨,各级要坚决按照××的精神,进一步统一思想,认真抓好开展下一步工作的各项准备。

会议决定:

一、要在××会议结束后,召开各级动员部署会,认真传达会议精神,分析原因,总结经验,统一思想,强化信心,争取下一步工作取得更好的成绩。

二、对会议上××单位领导发言所提到的问题,原则上同意,并积极做好实施工作,制定好相关措施。对需要上报请示的相关事项,要及时向上级上报请示,工作过程中的相关情况,要及时向上级进行报告。

××
××年××月××日

下篇

其他文书写作要领及范例

第 19 章

会务类文书写作要领及范例

19.1	主持词	/ 119
19.2	开幕词	/ 122
19.3	闭幕词	/ 125
19.4	总结	/ 127
19.5	调查报告	/ 129
19.6	计划	/ 132
19.7	工作要点	/ 135
19.8	座谈会纪要	/ 137
19.9	会议报告	/ 138
19.10	简报	/ 140

19.1 主持词

主持词是在各种会议、活动召开时所使用的文书，其主要作用在于保障会议、活动能够顺利进行，让与会者或者活动参与者能够及时了解会议、活动的相关环节。主持词的常见类型有会议主持词、晚会主持词、典礼主持词等。

19.1.1 主持词的写作要领

写作主持词的主要目的是确保会议各项议程无缝衔接，因此，内容需以会议的目的、意义、参会人员、具体议程安排等为主。主持词主要由标题、受文对象、正文、落款等部分组成，如表19-1所示。

表19-1 主持词的关键点

要素	写作要求
标题	主要有两种格式：第一种由"会议名称+文种"构成，如《××会议主持词》；第二种只写文种，即《主持词》
受文对象	在标题下方、正文上方顶格位置写明受文对象。称谓应该按照会议的性质和与会者的身份来确定，如"女士们、先生们""尊敬的各位领导""各位来宾""同志们，朋友们"等
正文	首先应该说明召开会议的根据、目的、意义等，并表示大会正式召开；其次介绍参会人员，一般先介绍领导，后介绍其他参会人员；然后感谢领导对活动的关注和支持，对参会人员表示敬意，对支持保障活动顺利进行的人员表示感谢；最后介绍本次会议或者活动的主要流程。 在会议或者活动进行的过程中，要按照事先拟定的活动流程逐项进行串联。 结尾处要用简明扼要的语言，对此次大会作出总结，对参会者提出希望和要求
落款	这部分在讲话中是不用体现出来的。但是作为一种文书，落实到书面上时就需要落款，要有署名和日期

19.1.2 范例

范例 19-1 工作会议主持词

工作会议主持词主要是为保障会议各项议程前后衔接顺畅而使用。在拟制的过程中，首先要对会议的背景、意义等进行简要阐述；其次需将会议将要进行的各项议程依次介绍清楚;最后对会议的基本情况做简要总结。语言的选择应注意庄重、严谨,避免或减少使用修饰性语言。

××会议主持词

各位领导、同志们:

在学习党的十九大报告活动进入第二阶段之际,我们在这里隆重举行2019年上半年工作大会,参加本次会议的有局领导班子成员和来自各科、站、队、所的主要负责人。

这是我局今年召开的第一次重要会议,局领导对此次会议非常重视,本次会议将对我局2018年度工作进行总结,总结工作中成功的做法和先进经验,对先进个人和单位进行表彰奖励,安排部署2019年度工作。

本次会议参加人数多,规格高,规模大,内容重要,希望与会人员能够自觉遵守会场纪律,少走动,少交谈,保持会场秩序。

下面进行第一项,请局党委书记做2018年度工作总结。

……

下面进行第二项,请局党委书记做我局2019年度工作安排。

……

下面,我就会议贯彻问题讲三点:

一是……

二是……

三是……

同志们,这次会议主题鲜明,重点突出,内容丰富,针对性很强,开得及时,时效性强,态度坚决。本次会议的召开,必将对我局的稳定、发展、改革等多项工作产生积极而重要的影响,必将使我局在下一步的工作中再创辉煌。希望参会人员按照会议所确定的目标和规划,明确责任,振奋精神,分解压力,负重前行,以饱满的热情投入2019年度工作中,确保工作圆满完成。

今天的会议到此结束,谢谢大家,散会。

××
××年××月××日

范例 19-2 庆祝类会议主持词

庆祝类会议主持词主要是在各类庆祝会议中使用，写法与工作会议类主持词类似，只不过在用语上，要注意多用鼓舞性、庆祝性的语言。

××庆祝大会主持词

尊敬的各位领导、各位来宾、各位代表：

××庆祝大会现在开始。

今天，应邀出席大会的领导有××、××、××、××、××等同志，出席大会的还有××、××的领导同志。我谨代表××全体委员对各位领导的光临表示热烈的欢迎和衷心的感谢！对参加大会的各位会员表示最热烈的欢迎！

请全体起立、奏国歌。（请坐下）

本次大会是为庆祝××召开的。今天大家在这里，欢聚一堂，回顾××的风雨历程，总结××的工作成绩和经验，共商发展大计。我希望各位会员能从讲政治的高度，胸怀大局，志存高远，认真履行职责，把今天的会议开成一个民主、团结、鼓舞和奋进的大会。圆满完成大会预定的各项议程。

今天的大会议程共有五项：

……

一、现在进行大会第一项：请××讲话，大家欢迎。

……

各位会员，同志们：这次庆祝大会……

再次祝各位代表和同志们工作顺利，身体健康！

××

××年××月××日

范例 19-3 表彰类会议主持词

表彰类会议主持词主要用于对某事或者某人进行表彰。拟制时要将所表彰的人或事的具体事由、事迹写清楚，并提出希望。

××在××评选表彰会议上的主持词

××年××月××日

同志们：

现在开会。

参加今天会议的有……让我们再次以热烈的掌声对两位领导的到来表示欢迎和感谢。

今天的会议，在我部机关设一个主会场、各大（中）队设四个分会场，共有××官兵参加会议。会议有××项议程：一是由××主任宣布表彰通令；二是为受表彰的先进个人代表颁奖；三是××代表发言；四是请××政委作重要指示。

下面，进行会议第一项议程，请××主任宣布表彰通令。

……

下面，进行会议第二项议程，为受表彰的先进个人代表颁奖。

……

同志们，这次××表彰大会是我部举办的首届评比，其目的是激发广大官兵的事业心责任感，激发广大官兵献身基层、爱岗敬业、履职尽责的工作热情。正如××指出的一样，召开这次××评比活动是经过我部党委深思熟虑的……今后，我部党委还要继续把这种好的评比形式坚持下去，把更多的"××"先进典型挖掘出来，进一步树立更多的模范先进代表，引导更多的官兵投身到部队建设中去。刚才，市政府××副秘书长、总队××副政委也作了重要指示，肯定了我们取得的成绩，但更多的是更高的期望、更高的标准、更高的要求。希望同志们以首长的肯定和激励为动力，努力在本职岗位上作出新的贡献，为部队发展建设贡献出自己的力量，不辜负首长对我们的期望。今天的会议就到这里！

19.2 开幕词

开幕词主要用于宣布重大会议或者重大活动正式开始，具有鼓动性、宣布性等特点。开幕词的常见类型有会议开幕词、活动开幕词等。

19.2.1 开幕词的写作要领

开幕词常在重要会议或重大活动开始时使用,主要起明确会议或活动相关目的、意义、任务等作用。开幕词主要由标题、时间、受文对象、正文、落款等部分组成,如表19-2所示。

表19-2 开幕词的关键点

要素		写作要求
标题		主要有四种格式:第一种由"会议名称+文种"构成,如《××会议开幕词》;第二种由"致辞人名称+事由+文种"构成,如《××同志在××会议上的开幕词》;第三种直接写文种,即《开幕词》;第四种是"复式标题",如主标题揭示会议主题,副标题由"事由+文种"构成
时间		通常在标题下方、正文上方居中位置,写明会议的时间,并用括号括起来
受文对象		在标题下方、正文上方靠左顶格书写。比如,"同志们""女士们、先生们""尊敬的各位领导""各位来宾"等
正文	引言	开门见山地宣布会议开幕,并介绍与会者的身份、会议名称等
	主体	介绍会议的议题、宗旨等,说明会议的目的、要解决的问题等
	结尾	单列一段,用简短有力的话,提出号召和希望,也可以对大会表示祝贺等
落款		如果标题下方没有写时间,要在落款处按照正常格式进行书写

19.2.2 范例

范例 19-4 会议开幕词

××会议开幕词

××年××月××日 ××

各位代表:

××会议现在开幕了。

上届全国人民代表大会是在××召开的。从那时以来,特别是××以来,党和国家领导全国各族人民深入总结历史经验,坚决实行××,××,实现了安定团结的政治局面,在经济、政治、文化、军事、外交等各方面都取得了重大的成就。

第××届全国人民代表大会在其任期内，为发展经济、恢复和发展社会主义民主、健全社会主义法治做了大量的卓有成效的工作。（略）

第××届全国人民代表大会，是按照新宪法选举产生的……我们这次会议的主要任务是：（略）

……

完成这次会议的各项任务，对于领导和团结全国各族人民，巩固和发展安定团结、生动活泼的政治局面，保证国家在各方面的方针、政策的正确执行和经济建设的健康发展，具有重大的意义。

各位代表！让我们同心同德，团结一致，圆满地完成全国各族人民托付给我们的庄严任务。

范例 19-5　活动开幕词

共建创新包容的开放型世界经济
——在首届中国国际进口博览会开幕式上的主旨演讲

（2018年11月5日，上海）

中华人民共和国主席　习近平

尊敬的各位国家元首、政府首脑、王室代表，

尊敬的各位国际组织负责人，

尊敬的各代表团团长，

各位来宾，

女士们，先生们，朋友们：

2017年5月，我宣布中国将从2018年起举办中国国际进口博览会。经过一年多筹备，在各方大力支持下，现在，首届中国国际进口博览会正式开幕了！

首先，我谨代表中国政府和中国人民，并以我个人的名义，对各位嘉宾的到来，表示热烈的欢迎！对来自五大洲的各方朋友，致以诚挚的问候和良好的祝愿！

中国国际进口博览会，是迄今为止世界上第一个以进口为主题的国家级展会，是国际贸易发展史上一大创举。举办中国国际进口博览会，是中国着眼于推动新一轮高水平对外开放作出的重大决策，是中国主动向世界开放市场的重大举措。这体

现了中国支持多边贸易体制、推动发展自由贸易的一贯立场，是中国推动建设开放型世界经济、支持经济全球化的实际行动。

……

大道至简，实干为要。面对世界经济格局的深刻变化，为了共同建设一个更加美好的世界，各国都应该拿出更大勇气，积极推动开放合作，实现共同发展。

——各国应该坚持开放融通，拓展互利合作空间。（略）

……

女士们、先生们、朋友们！

中国国际进口博览会由中国主办，世界贸易组织等多个国际组织和众多国家共同参与，不是中国的独唱，而是各国的大合唱。我希望各位嘉宾在虹桥国际经贸论坛上深入探讨全球经济治理体系改革新思路，共同维护自由贸易和多边贸易体制，共建创新包容的开放型世界经济，向着构建人类命运共同体目标不懈奋进，开创人类更加美好的未来！

谢谢大家。

19.3 闭幕词

闭幕词主要在各种会议或者活动结束时使用，具有总结性、评估性和号召性等特点。常用的闭幕词有会议性闭幕词、活动类闭幕词等。

19.3.1 闭幕词的写作要领

闭幕词是对活动或会议的总结性发言，主要由标题、时间、受文对象、正文、落款等部分组成，如表19-3所示。

表19-3 闭幕词的关键点

要素	写作要求
标题	主要有三种格式：第一种由"致辞人名称+事由+文种"构成，如《××同志在××会议上的闭幕词》；第二种由"会议名称+文种"构成，如《××会议闭幕词》；第三种只写文种，即《闭幕词》
时间	在标题之下居中位置，注明会议的时间，写清楚年、月、日，并加上括号

续表

要素		写作要求
受文对象		在标题下方、正文上方靠左顶格书写，一般根据活动或会议的性质和参加人员的身份来确定称谓，比如"同志们""女士们、先生们""同学们""各位代表"等
正文	引言	主要是对活动或会议的进程进行一次简要的介绍，并宣布活动或会议即将结束
	主体	对本次会议或者活动进行评价，注意不要重复内容，只需要概括性地总结即可。同时指明在本次会议或者活动中表现出来的不足之处，并提出相关要求
	结尾	提出希望和要求，对保障此次活动或会议顺利进行的各级人员表示感谢，明确表示会议正式结束。并用"现在我宣布，××会议正式闭幕"之类的语句结束全文
落款		与一般公文的落款差不多，主要注明制发单位名称和日期。如果标题下方已经注明，则不需要再写落款

19.3.2 范例

范例 19-6 会议性闭幕词

中国共产党××市第十四次代表大会闭幕词

（2016年7月6日）

市委书记 ××

同志们：

中国共产党××市第十四次代表大会，在上级党组织的亲切关怀和指导下，在大会主席团的直接领导下，经过全体代表和与会同志的共同努力，已经圆满完成了预定的各项议程，即将胜利闭幕。

会议期间，全体与会代表全面贯彻党的十八大、十八届五中全会精神，坚持和发扬民主集中制原则，以高度的政治责任感和历史使命感，认真履行党章赋予的职责，集思广益，建言献策，使大会开得非常圆满、非常成功。主要取得了两项重要成果。一是审议并通过了中共××市第十三届委员会工作报告和纪委工作报告，全面客观地总结了××市第十三届委员会以来的各项工作，充分肯定了五年来全市经济社会发展和党的建设所取得的显著成就，进一步明确了我市今后五年的发展思路、任务目标、支撑工程和工作重点，为"十三五"发展指明了方向和路径。二是选举产生了新一届市委和纪委领导班子，为实现这次大会确定的各项目标提供了坚强有力的组织保证。

这次会议，是一次凝心聚力、共谋发展的大会，是一次团结鼓劲、奋发向上的大会。会议的成功召开，对全市上下凝聚共识，锐意创新，开拓进取，推动××经济社会跨越发展具有十分重要的意义。

……

各位代表、同志们，习近平总书记在庆祝建党95周年大会上，谆谆告诫全党：面向未来，面对挑战，要不忘初心、继续前进。建设××幸福家园，推动××经济社会跨越式发展，是全市人民对我们的殷切期盼，更是历史赋予我们的光荣使命。让我们在市委的坚强领导下，以舍我其谁的担当，克难攻坚的锐气，团结带领全市百万人民接力奋斗、奋力前行，共同开创××更加美好灿烂的明天。

谢谢大家。

19.4 总结

总结主要用于对某项工作或者某项活动的情况进行回顾、检查、分析评价，具有客观性、真实性、汇报性等特点。常见的总结类型有专项工作性总结、会议性总结等。

19.4.1 总结的写作要领

总结通常在工作或活动结束后使用，用于对整个工作或活动情况进行回顾、梳理、查找存在的不足等，具有明显的客观性。总结主要由标题、正文、落款等部分组成。在日常工作中，总结的正文主要包括某项工作或活动的基本情况、主要做法、经验和体会、存在的问题、注意事项等内容，如表19-4所示。

表19-4　总结的关键点

要素		写作要求
标题		主要有五种格式：第一种由"单位名称＋时限＋事由＋文种"构成，如《××有限公司年度××工作总结》；第二种由"时限＋事由＋文种"构成，如《2018年度通信工作总结》；第三种由复式标题构成，正标题揭示总结的核心内容，副标题对正标题进行补充说明，如《坚持思想政治工作的中心地位不动摇——××总队年度思想政治工作总结》；第四种是提问式标题，如《××科室的××成绩是如何提高的》；第五种是由"事由＋文种"构成，如《××工作总结》
正文	开头	主要介绍具体工作或者活动的基本情况。比如，什么时间、什么地点、召开了什么会议或者举办了什么活动等，也可以对工作或活动做简单的评价
	主体	主要通过对已经结束的某项工作、某个会议、某次活动的成绩、做法等进行评价和分析，得出具有典型意义的经验和体会，并对该经验和体会的具体表现进行分析。比如，成绩是如何获得的，经验是怎样取得的等。这部分是整个总结的核心部分，篇幅占整个总结的绝大部分。在拟制的时候，材料与观点要统一，说理要透彻，要结合实际，尊重客观事实，不能浮夸
落款		与一般公文的类似，主要注明制发单位和制发日期。向上级呈文的时候，要在落款处加盖公章

19.4.2　范文

范例 19-7　专项工作性总结

2018年国庆假日旅游市场情况总结

（10月1日）

综合各地旅游部门、通信运营商、线上旅行服务商上报和提供的数据，经中国旅游研究院（文化和旅游部数据中心）测算，10月1日全国接待国内游客1.22亿人次，同比增长7.54%；实现国内旅游收入1030亿元，同比增长7.19%。

一、祖国华诞，国庆氛围欢乐祥和，红色旅游升温。

9月30日，习近平总书记等党和国家领导人出席了《中华人民共和国英雄烈士保护法》通过后的首个烈士纪念日，向人民英雄敬献花篮。各地群众纷纷以不同形式庆祝新中国69周年华诞，接受爱国主义教育。

……

四、服务保障充分有力，假期旅游市场运行安全平稳有序。

……

假期首日，北京市各部门、各区针对旅游市场秩序共出动执法人员 2663 人次，车辆 518 台次，检查旅游车 66 辆，检查导游 70 人次，检查各类旅游、经营企业 656 家，累计向游客推送北京旅游提示短信 38.4 万条。贵州省旅发委委托第三方服务机构，对……进行了暗访检查，及时将发现的有关问题反馈给各地旅游管理部门督促企业整改，消除安全隐患，规范经营行为，提升服务质量。黑龙江省齐齐哈尔市各级旅游行政主管部门组成 17 支旅游市场安全检查队伍，以扫黑除恶和打击不合理低价为重点，开展假日旅游市场大检查。重庆市旅发委联合市交委、市公安局……市应急管理局等部门对重点景区进行综合检查，重点检查旅游市场秩序、安全管理及旅游购物场所整治等情况，同时成立专门的暗访组对假日旅游市场秩序进行暗访。

19.5 调查报告

调查报告是对某种特定的社会现象进行研究探索、去伪存真、挖掘真相时使用的文书，具有真实性、研究性等特点。常见的调查报告类型有突发事件调查报告、社会现象调查报告等。

19.5.1 调查报告的写作要领

调查报告是对某种社会现象或某方面问题展开调查研究，经过分析，找出规律、揭示本质、总结经验，最后以书面形式呈现的公文。调查报告主要由标题、正文、落款等部分组成，如表 19-5 所示。

表19-5　调查报告的关键点

要素	写作要求
标题	有三种格式：第一种由"调查对象＋事由＋文种"构成，如《××状况调查报告》；第二种由提问式标题构成，如《青少年沉迷网络游戏的原因是什么》；第三种由复式标题构成，正标题主要表明调查报告的核心内容，副标题对正标题进行补充，如《收费站布局不合理是××市交通问题的主要问题——××市交通拥堵调查报告》

续表

要素		写作要求
正文	引言	主要介绍调查研究对象的基本情况，使受文者能够迅速掌握背景和情况。在写作上，可以采取反问式或直接交代的方式
	主体	需紧紧围绕调查对象的实际情况展开论述。要视具体情况选择合适的写作方法，其主要目的在于使受文者了解问题的根源、发生的原因、解决的办法等。所使用的材料要全面，结构布局要合理，说理要透彻，分析要鞭辟入里、入木三分
	结尾	不同的调查报告，其结尾的写法并不相同，主要有补充主体式、概括核心式、提出意见式等
落款		在正文右下角位置，注明拟制发布调查报告的单位名称和日期，并加盖公章。如果是成册的调查报告，通常将发布调查报告的单位名称和日期放置在封面上

19.5.2 范文

范例 19-8　突发事件调查报告

关于××的调查报告

国务院：

今年××月××日至××月××日，××省相继发生重大森林火灾。遵照国务院领导同志的指示，我们会同公安部的同志，于××月××日下午赶到××，当晚分成两组连夜到达××市（属××地区）××和××县（属××市）××两个火场，协助组织扑火，察看火灾现场，慰问部分伤员和死者家属，并作了调查研究。现将有关情况和意见报告如下：

一、火灾的基本情况

（一）××县××火场，位于××市西南八十公里处，距××县城四十七公里。××月××日晨××点××分，农场工人发现××乡北部距××三公里处的山上有四处起火。××职工、××约一百多人陆续上山扑火。（略）

伤亡事故发生后，当晚八点以前，××省长及市、县各级领导和有关部门的同志，相继赶到现场，除组织抢救伤员外，还组织了××军区、集团军、武警部队等二十多个单位五千七百多人参加扑救，于××月××日晚将山火全部扑灭。

……

二、主要教训

（一）领导不重视，放松管理，是酿成这两场森林火灾的主要原因。（略）

……

三、我们的意见

历年来，××省一直是森林火灾严重的省区之一。（略）

为了更好地吸取教训，做好护林防火工作，并处理好善后事宜，我们建议：

（一）××省政府应进一步总结这两场重大森林火灾和造成严重伤亡事故的经验教训，着重从主观上检查原因。在大力表彰英雄模范人物及其先进事迹的同时，要继续认真做好善后工作，切实解决遇难者家属生活和生产中存在的实际问题。

……

这两场森林火灾的沉痛教训和处理结果，建议国务院通报全国。

××
××年××月××日

范例 19-9　社会现象调查报告

关于××情况的调查报告

（××年××月××日）

为贯彻落实《中共中央、国务院关于××的意见》（中发〔××〕××号）精神，切实减轻农民负担，根据国务院领导同志的指示精神，我委于三四月份组织了6个调查组，分赴安徽、黑龙江、山西、河南、河北、浙江、云南等省，采取不打招呼、直接进村入户的方式，明察暗访，走访了30多个乡镇、50多个行政村、18所中小学、百余户农家，对当地涉农价格收费和农民负担情况进行了认真调查，掌握了大量第一手材料。

一、农村治乱减负取得一定成效，但乱加价乱收费问题仍较突出

……

但从我们调查了解的情况看，农村××问题还远远未得到根本解决。一些农村地

区的××现象仍很严重，特别是在近几年……严重损害了农民的利益。

（一）……

……

二、产生上述问题的原因

（一）减轻农民负担的政策不落实。近几年来，党中央、国务院作出了一系列减轻农民负担的决定，各地区、各部门也采取了相应的措施，政策是明确的，但农民负担问题仍然突出。究其原因，主要是认识不到位，宣传不到位，政策落实不到位。

……

三、全面清理整顿涉农价格和收费

目前，在……的情况下，清理整顿涉农价格及收费，减轻农民负担，不仅事关农村改革、发展、稳定大局，而且对于开拓农村市场，扩大内需，促进国民经济持续健康发展；对提高农民生活水平，密切党群、干群关系，改善和加强党的领导，都有着十分重要的现实意义。各地区、各部门要以××为指导，按照《中共中央、国务院关于做好××工作的意见》（中发〔××〕××号）精神和《国务院办公厅关于切实做好当前减轻农民负担工作的通知》（国办发〔2001〕42号）的部署，高度认识……的重要性，把减轻农民负担摆到当前工作的突出位置，真正把思想和行动统一到中央政策上来，采取切实有力的措施，对涉农价格和收费进行全面清理整顿。

……

（五）加快农村机构改革，减少行政审批。要加快农村机构改革步伐，通过撤乡镇，合理调整中小学校布局，精简乡镇干部，减少财政供养人员，减少开支。通过精简机构，进一步理顺体制，减少行政审批，防止交叉管理，重复收费，增加农民负担。采取多种措施加强基层政府及管理社会事务各有关部门的经费保障，保证各项必要的开支，从根本上防止加重农民负担问题的产生。

19.6 计划

计划是针对特定对象进行分析研究后，为达成某一目的而制定方案或规划途径时所使用的文书。计划具有针对性、明确性和目的性等特点。在形式上，常见的计划有表格式和文字式两种；在内容上，常见的计划有工作计划、行动计划、会议计划等。

19.6.1 计划的写作要领

计划主要由标题、正文、落款等部分组成，如表19-6所示。

表19-6 计划的关键点

要素	写作要求
标题	主要有三种格式：第一种由"单位名称+时限+文种"构成，如《××单位××年度工作计划》；第二种由"单位名称+时限+内容+文种"构成，如《××区××年度××工作计划》；第三种由"内容+文种"构成，如《立法工作计划》
正文	表格式计划主要是将某项工作的各项要素制作成表格，每项内容都在单独的一栏里填写清楚，当涉及不能用表格表达的内容时，就用文字进行补充说明。 文字式计划的写作与一般公文类似，主要分为前言、主体、结尾等部分。前言部分主要交代拟制计划的依据、缘由、上级的指示精神或国家的方针政策、本单位的基本情况、工作的总体概况等。主体部分主要说明计划的具体工作步骤、目标、措施、方法等，如果涉及需要注意的问题，则要一并交代清楚。结尾部分主要是提出号召和希望，以鼓励所属人员为实现计划目标而努力
落款	在正文右下角位置，注明拟制发布计划的单位名称和日期，并加盖公章

19.6.2 范文

范例 19-10　工作计划

国务院2025年度立法工作计划

2025年是"十四五"规划收官之年。国务院2025年度立法工作的总体要求是：在以习近平同志为核心的党中央坚强领导下，坚持以习近平新时代中国特色社会主义思想为指导，全面贯彻落实党的二十大和二十届二中、三中全会精神，深入学习贯彻习近平法治思想，深刻领悟"两个确立"的决定性意义，增强"四个意识"、坚定"四个自信"、做到"两个维护"，坚持党的领导、人民当家作主、依法治国有机统一，统筹推进国内法治和涉外法治，深化立法领域改革，加强政府立法审查，坚持立改废释并举，加强重点领域、新兴领域、涉外领域立法，提高立法质量，完善以宪法为核心的中国特色社会主义法律体系，发挥好法治的引导、推动、规范和保障作用，为以中国式现代化全面推进强国建设、民族复兴伟业提供坚实法治保障。

一、认真学习贯彻党的二十届三中全会精神，坚持改革和法治相统一

……

二、突出立法重点，以高质量立法服务保障党和国家工作大局

……

三、深化立法领域改革，不断提升立法质效

……

四、切实加强组织领导，确保高质高效完成各项立法任务

……

附件：《国务院2025年度立法工作计划》明确的立法项目及负责起草的单位

范例19-11 行动计划

行动计划有明确的行动名称和具体内容，一般是为在某时间段内完成某项工作任务、实现某个目标而拟制的。为了确保行动能够始终沿着既定轨道推进，需要提前对其进行规划。因此，在拟制这种公文时，要将指导思想、行动时限、基本方法、具体要求、基本目标等内容写清楚。

打赢蓝天保卫战三年行动计划

打赢蓝天保卫战，是党的十九大作出的重大决策部署，事关满足人民日益增长的美好生活需要，事关全面建成小康社会，事关经济高质量发展和美丽中国建设。为加快改善环境空气质量，打赢蓝天保卫战，制定本行动计划。

一、总体要求

（一）指导思想。以习近平新时代中国特色社会主义思想为指导，全面贯彻党的十九大和十九届二中、三中全会精神，认真落实党中央、国务院决策部署和全国生

态环境保护大会要求，坚持新发展理念，坚持全民共治、源头防治、标本兼治，以京津冀及周边地区、长三角地区、汾渭平原等区域（以下称重点区域）为重点，持续开展大气污染防治行动，综合运用经济、法律、技术和必要的行政手段，大力调整优化产业结构、能源结构、运输结构和用地结构，强化区域联防联控，狠抓秋冬季污染治理，统筹兼顾、系统谋划、精准施策，坚决打赢蓝天保卫战，实现环境效益、经济效益和社会效益多赢。

（二）目标指标。经过3年努力，大幅减少主要大气污染物排放总量，协同减少温室气体排放，进一步明显降低细颗粒物（PM2.5）浓度，明显减少重污染天数，明显改善环境空气质量，明显增强人民的蓝天幸福感。

……

二、调整优化产业结构，推进产业绿色发展

……

三、加快调整能源结构，构建清洁低碳高效能源体系

……

四、积极调整运输结构，发展绿色交通体系

……

积极开展多种形式的宣传教育。普及大气污染防治科学知识，纳入国民教育体系和党政领导干部培训内容。各地建立宣传引导协调机制，发布权威信息，及时回应群众关心的热点、难点问题。新闻媒体要充分发挥监督引导作用，积极宣传大气环境管理法律法规、政策文件、工作动态和经验做法等。（生态环境部牵头，各有关部门参与）

19.7 工作要点

工作要点是对某项工作进行概括性安排和部署时所使用的文书，具有指导性、预见性、可行性等特点。

19.7.1 工作要点的写作要领

工作要点主要由标题、正文、落款等部分组成，如表19-7所示。

表19-7 工作要点的关键点

要素	写作要求
标题	由"单位名称＋时限＋文种"构成，如《××单位××年度工作要点》
正文	主要包括两方面内容：年度奋斗目标和主要的工作措施及要点。在写法上，可以根据内容，采用合理的方式呈现，如分段式、分条式
落款	在正文右下角位置，注明拟制发布工作要点的单位名称和日期，并加盖公章

19.7.2 范文

范例 19-12 工作要点

2019年交通运输法制工作要点

2019年交通运输法制工作的总体要求是：以习近平新时代中国特色社会主义思想为指导，深入学习习近平总书记全面依法治国新理念新思想新战略，继续深入推进交通运输法治政府部门建设，推动建设完备的综合交通运输法规体系、高效的交通运输法治实施体系、严密的交通运输法治监督体系、有力的交通运输法治保障体系，更好发挥法治固根本、稳预期、利长远的保障作用，为开启交通强国建设新征程提供坚实法治保障。

一、加快完善综合交通运输法规体系

（一）适时对部综合交通运输法规体系予以调整完善。根据《交通强国建设纲要》，调整完善部《关于完善综合交通运输法规体系的实施意见》确定的立法项目及实施步骤，更好服务于交通强国战略。

……

五、开展交通运输法治宣传教育培训

（一）完善普法清单。根据清单统筹行业普法工作，完成年度普法任务。根据"七五普法"中期检查结果，创新法治宣传的方式方法，深入开展"谁执法谁普法"的普法责任制和以案释法工作。

……

19.8 座谈会纪要

座谈会纪要是记录座谈会主要精神或内容的文书,语言要求精练、准确,具有真实性、记录性和传达性等特点。

19.8.1 座谈会纪要的写作要领

座谈会纪要主要由标题、正文、落款等部分组成,如表19-8所示。

表19-8 座谈会纪要的关键点

要素	写作要求
标题	由"内容+文种"构成,如《××座谈会纪要》
正文	主要写清楚座谈会召开的时间、地点、出席人员、主持人等情况,并简要说明会议讨论的主要问题、概括总结与会者的重要发言情况。在写法上要做到概括、真实。结尾可以对整个座谈会作一个小结
落款	在正文右下角位置,注明拟制发布座谈会纪要的单位名称和日期,并加盖公章

19.8.2 范文

 座谈会纪要

全国规范社区标识座谈会纪要

2010年4月21日至24日,全国规范社区标识座谈会在安徽省黄山市屯溪区召开。公安部、卫生部、中华全国供销合作总社等中央有关部门代表、清华大学美术学院专家、北京等24个省(区、市)及市、县级民政部门代表应邀出席会议。会议期间,中央有关部门代表分别介绍了公安派出所、社区卫生服务机构和供销合作社标识征集、设计、使用、管理方面的经验;北京等地民政部门代表介绍了当地开展社区标识工作的情况;专家介绍了标识设计使用的基本理论与发展趋势;实地考察了屯溪区农村社区建设情况;集中研讨了在全国范围内统一社区标识的必要性,对有关社区标识设计、使用和管理中的一些重要问题达成了共识,并对下一步工作提出了意见和建议。

一、关于开展社区标识工作的基本情况

社区标识设计、使用、管理工作是城乡社区建设工作中的一项重要内容,具有一定的专业性和独立性。从全国来看,这项工作起步较晚、发展不平衡,有些地方的民政部门先行一步,在统一标识方面进行了实践探索,取得了初步成效。

……

二、关于规范社区标识问题的初步共识

通过讨论,会议代表在社区标识工作的重要性,标识的征集、设计、推广和使用管理等方面达成了一些初步共识。

……

三、关于下一步工作的意见和建议

为尽早在全国范围内统一社区标识,与会代表建议做好以下工作。

……

 ## 会议报告

会议报告是会议主要领导人在会议上针对与会人员的所做讲话材料。常见的会议报告有一般性会议报告、党委扩大会议报告等。

19.9.1 会议报告的写作要领

会议报告主要由标题、正文、落款等部分组成,如表19-9所示。

表19-9 会议报告的关键点

要素	写作要求
标题	可以用主副标题格式书写,也可以由"姓名+职务+会议名称+文种"构成,如《××在××会议上的报告》
正文	首先对前一段时间的工作进行总结,提炼经验,并指出不足与应该改进的地方;然后分析形势,确定工作目标,作出工作部署
落款	在正文右下角位置,注明拟制发布会议报告的单位名称和日期,并加盖公章

19.9.2 范文

范例 19-14 会议报告

2025 年政府工作报告
——2025 年 1 月 8 日在盘锦市第九届人民代表大会第四次会议上

市长 邢 鹏

各位代表：

现在，我代表盘锦市人民政府，向大会报告工作，请予审议。请市政协委员和其他列席人员提出意见。

一、2024 年工作回顾

刚刚过去的 2024 年，是盘锦建市 40 周年，也是盘锦在新的历史起点上汲取力量、砥砺前行的奋进之年。面对深刻变化的外部环境和艰巨繁重的发展任务，全市上下坚持以习近平新时代中国特色社会主义思想为指导，全面贯彻落实党的二十大和二十届二中、三中全会精神，深入贯彻落实习近平总书记关于东北、辽宁全面振兴的重要讲话和指示批示精神，高效实施全面振兴新突破三年行动，打好打赢攻坚之年攻坚之战，预计全市地区生产总值增长 3.5% 左右；一般公共预算收入增长 8.3%、高于全省 2.8 个百分点；固定资产投资增长 20% 以上、进出口总额增长 39.7%，增速均全省第一。

……

二、2025 年工作安排

今年是"十四五"规划收官之年，是全面振兴新突破三年行动决胜之年，也是"十五五"规划谋篇布局之年。做好今年的政府工作，意义重大。

……

各位代表！遵道而行，但到半途须努力；会心不远，要登绝顶莫辞劳。让我们更加紧密地团结在以习近平同志为核心的党中央周围，在省委、省政府和市委坚强领导下，勠力同心、拼搏进取，推动新时代全面振兴率先实现新突破，为持续谱写中国式现代化盘锦篇章而不懈奋斗！

19.10 简报

简报是机关或者单位内部用于宣传某方面信息的一种小型刊物。简报的核心特点就在于"简"字,因此,简短、灵活、新颖、快速、新闻性等是其主要特征。常见的简报有工作简报、会议简报、情况简报等。

19.10.1 简报的写作要领

简报主要由报头、期数、发报单位名称、日期、正文、落款等部分组成,如表19-10所示。

表19-10 简报的关键点

要素	写作要求
报头	一般由"性质+简报"构成,如《××工作简报》。其中"简报"两个字单独列一行,并用大号字体,字号大小以美观得体为主
期数	如果该简报需要连续发布,那么需要在报头的正下方写清楚该简报的期数
发报单位名称	在期数下一行左侧,写清楚该简报发布单位的全称
日期	在期数下一行右侧,写清楚该简报发布的时间
正文	格式类似于在报纸上发表文章,简报具有简、快的特点,因此,在写作上要注意紧扣主题,抓住要点和亮点,争取以最简洁明了的语言将内容陈述出来。大多数情况下,简报内容用类似于新闻报道的格式书写
落款	在最后一页的最下方,标明主题词,并在下面用红线标注,然后在下方继续写清报送、抄送的对象名称,份数等内容。在最下方,注明撰稿人和审核人姓名

19.10.2 范文

范例 19-15 工作简报

××工作
简　报

（××年第××期）

××（发布简报的单位名称）　　　　　　　　××年××月××日

稳中提质推进改革，多方联动促良好开局

××单位自2023年以来全面规范各项业务操作流程和内控制度……稳中提质、多方联动推进改革工作，使得改革工作稳中有进，实现了良好开局。

主题词：××

报送：××

抄送：××

撰稿：××　　　　　　　　　　　　　　　　　　审核：××

第 20 章

规章制度类文书写作要领及范例

- **20.1** 章程 / 143
- **20.2** 办法 / 145
- **20.3** 制度 / 146
- **20.4** 规定 / 148
- **20.5** 规则 / 151
- **20.6** 细则 / 153
- **20.7** 条例 / 155

20.1 章程

章程，是经过特定程序制定的规范性文件，主要用于理顺某种组织、团体内部的运作和管理。在本组织、团体之内，具有法定性等特点。

20.1.1 章程的写作要领

章程一般由标题、时间、正文等部分组成，如表20-1所示。

表20-1 章程的关键点

要素		写作要求
标题		由"发文机关+文种"构成，比如《中国共产党章程》
时间		在标题正下方，注明通过该章程的会议名称及时间等，如"中华全国妇女联合会章程（中国妇女第十二次全国代表大会部分修改，2018年11月2日通过）"
正文	总则	主要对使用章程的组织或者团体的性质、宗旨、目标、任务等进行说明，可以分条书写，也可以不分条独立写在该章程的第一部分
	分则	主要对该组织或者团体的人员结构、组织机构、工作任务、管理制度、经费安排等各个方面进行说明，一般采取分条的方式，逐条写清楚其运行程序与方法等
	附则	主要对章程的生效日期、解释权、修订权及其他一些需要补充说明的问题进行说明

20.1.2 范文

范例 20-1 组织章程

中华全国妇女联合会章程

（中国妇女第十二次全国代表大会部分修改，2018年11月2日通过）

总则

中华全国妇女联合会是全国各族各界妇女为争取进一步解放与发展而联合起来

的群团组织，是中国共产党领导下的人民团体，是党和政府联系妇女群众的桥梁和纽带，是国家政权的重要社会支柱。

中华全国妇女联合会以宪法为根本的活动准则，依照法律和《中华全国妇女联合会章程》独立自主地开展工作。

……

第一章　任务

第一条　组织引导妇女学习贯彻习近平新时代中国特色社会主义思想和党的路线方针政策，用中国特色社会主义共同理想凝聚妇女。

第二条　团结动员妇女投身改革开放和社会主义经济建设、政治建设、文化建设、社会建设和生态文明建设，注重发挥妇女在社会生活和家庭生活中的独特作用，为中国特色社会主义伟大实践作贡献。

……

第二章　组织制度

……

第三章　全国组织

……

第四章　地方组织

……

第六章　团体会员

……

第七章　妇女联合会的干部

……

第八章　经费及财产

……

第九章　会徽会旗

……

第十章　附则

第四十六条　中华全国妇女联合会英文译名是"All-China Women's Federation"，缩写为"ACWF"。

第四十七条　本章程解释权属于中华全国妇女联合会。

20.2 办法

办法是某特定组织依据国家方针政策及有关法律法规,就某项工作或者问题提出具体解决办法和相关要求的文书。常见的办法有救助办法、实施办法、管理办法等。

20.2.1 办法的写作要领

办法主要是相关单位为了贯彻落实国家方针政策及有关法律法规而拟制的,包含开展工作的具体方法、步骤、措施等内容,主要用于指导实施国家法律法规或者相关条令条例。办法的内容要紧贴工作实际,语言的选择要以体现具体、明确的操作方法为主。办法一般由标题、发布单位、时间、正文等部分组成,如表20-2所示。

表20-2 办法的关键点

要素		写作要求
标题		主要有两种格式:第一种由"办法所涉及的对象+事由+文种"构成,如《残疾儿童健康救助办法》;第二种由"事由+文种"构成,如《森林防火条例实施办法》
制发时间、依据		在标题之下用括号注明制发的年、月、日和会议名称,实践应用过程中,也可以根据实际情况省略此项内容
正文	开头	主要用来阐述制定办法的缘由、目的、意义、适用范围等
	主体	采取分条式或者分段式,将有关内容一一列出
	结尾	主要对办法的适用范围、解释权限、实施日期、相关要求等进行说明

20.2.2 范文

 救助办法

××县残疾儿童康复救助办法

(××年××月××日××会议通过)

第一条 为帮助残疾儿童在最佳时机恢复、矫正部分残缺的身体(心理)功能,促使他们与正常儿童一样健康成长,根据××省残联、财政厅《关于印发××省

贫困残疾儿童抢救性康复项目实施方案及配套实施办法的通知》精神，结合我县实际，制定本办法。

第二条　本办法所称康复救助，是指政府主导、财政补贴和家庭承担相结合，以帮助聋儿、智障者、孤独症、脑瘫儿童及时接受"开智""启聪"等"抢救性训练"和矫治的救助措施。

第三条　康复救助对象须具备以下条件：

（一）具有××县户籍；

（二）年龄在14周岁以下；

（三）持有《中华人民共和国残疾人证》（第二代）；

（四）正在接受康复训练或接受康复手术治疗。

第四条　符合上述条件的救助对象申请康复救助，需提供以下资料：

（一）居民户口本、身份证、《残疾人证》（第二代）和有康复资质的医疗机构出具的康复训练或康复手术证明；

（二）《××县残疾儿童康复救助申请表》。

第五条　县残联负责残疾儿童的普查登记、评估和相关审批工作，并于每年8月31日前确定下一年度残疾儿童康复救助计划。

第六条　康复救助经费来源于上级业务部门下达的精神病防治等康复专项经费、县财政拨款和社会捐款。

第七条　康复救助计划当年有效，跨年度的须经审批后列入下一年计划；每个康复救助对象原则上只享受1个周期的康复救助。

……

第十二条　县残联负责建立救助对象、补助经费使用等档案，自觉开展康复救助经费使用情况自查和评价工作，并将经费使用情况定期报送县财政部门。

第十三条　本办法自2014年8月1日起施行。

第十四条　本办法由县残联负责解释。

制度

制度是为了使特定的群体共同遵守某项办事程序而拟制的一种准则，通过制度的规范可以使各项工作按照计划要求达到预期目标。常见的制度主要有值班制度、管理制度等。

20.3.1 制度的写作要领

制度一般由标题、正文两部分组成，如表20-3所示。

表20-3 制度的关键点

要素		写作要求
标题		主要有两种格式：第一种由"制发单位＋事由＋文种"构成，比如《中华人民共和国财务会计考核制度》；第二种由"事由＋文种"构成，比如《财务报销制度》
正文	开头	主要用来阐述制定制度的缘由、目的、意义、适用范围等
	主体	采取分条式或者分段式，将有关内容一一列出
	结尾	主要对制度的适用范围、解释权限、实施日期、相关要求等进行说明

20.3.2 范文

范例20-3 日常管理制度

办公室日常管理制度

第一条 为规范办公区域的管理，创造文明、整洁的办公环境，维护正常的办公秩序，树立良好的企业形象，提高办公效率，利于公司各项工作的开展，特制定本制度。

本制度适用于总公司、各子（分）公司、各管理处办公室。

第二条 员工应严格遵守考勤制度，准时上班按时下班，上下班时间按现有规定执行。

第三条 上班打卡后不得外出吃早点或办私事，如确有需要须向直管领导报备，午休后应准时上班。

第四条 不得将可能影响办公环境的与工作无关的物品带入公司。

第五条 员工上班时必须着装整洁、得体，不得穿××等不适宜的装束，不准佩戴××的饰物上班。整体形象符合《基本服务礼仪标准》中的仪容仪表要求。

第六条 办公时间因私会客需和直管领导报备，时间不得超过10分钟；因私打电话必须简短。

第七条 上班时间内办公区不得大声喧哗、嬉笑打闹、聚堆聊天、玩游戏、浏览与工作无关网站；任何时候不得使用不文明语言和肢体动作。

第八条 上班时间内不得用餐、吃零食。

第九条 个人所属的桌椅、设备、垃圾桶由各使用人自行清洁；部门所属的存储柜、文件柜内部由各部门指定专人负责整理和清洁。

第十条 办公室环境要求环境整洁、摆放有序；随手清洁，及时归位；办公室内不得摆放鞋、雨伞等有碍形象和环境的杂物（鞋、雨伞存放于指定场所）；严禁随地吐痰、乱丢纸屑。

第十一条 公司办公区域、公用区域严禁吸烟，吸烟的员工应注意他人的感受，控制吸烟量及避免在女性面前吸烟；冬、夏季开启空调期间，禁止在空调房内抽烟，须到有外窗的洗手间或指定场所进行。

第十二条 工作期间和午休（餐）时间不得饮酒，不得带有酒精状态上班；接待公司客人的除外。

第十三条 下班或离开办公室10分钟以上的，须关闭不使用的电器、电灯等耗电设备，午餐期间应关闭显示器和电灯；公文、印章、票据、现金及贵重物品等须锁入保险柜或抽屉内，关窗、锁门后方可离开。

第十四条 遵守保密纪律，保存好各种文件及技术资料，不得泄露公司机密。

第十五条 文明用厕，节约用纸，注意保洁。

第十六条 办公区内不得擅自添加办公家具。

第十七条 爱护公司财产和设备，发现损坏及时向办公室报修，无法修复的应注明原因申请报废；因故意或使用不当损坏公物者，应予以相应赔偿。

第十八条 本制度自发布之日起实施。

20.4 规定

规定是为了使某项工作顺利推进或者使某环境保持正常运转而有针对性地制定

的、需要大家共同遵守的法定性措施,具有很强的可操作性和约束性。

20.4.1 规定的写作要领

规定一般由标题、正文两部分组成,如表20-4所示。

表20-4 规定的关键点

要素	写作要求
标题	主要有两种格式:第一种由"制发单位＋事由＋文种"构成,如《××促进××的管理规定》;第二种由"事由＋文种"构成,如《××管理规定》。为了准确反映相关内容,有时候可以在标题中加一些修饰语,如"若干规定""暂行规定"等
正文	正文部分一般包括原因、具体事项、有关说明等内容。有时正文可以分为总则、分则、附则等部分,分别对制定本规定的目的、依据、具体事项、要求、规范以及解释权和生效日期等进行说明

20.4.2 范文

范例 20-4 规定

永续债相关会计处理的规定

为进一步明确永续债的会计处理,根据《企业会计准则第22号——金融工具确认和计量》(以下简称第22号准则)、《企业会计准则第37号——金融工具列报》(以下简称第37号准则)等相关企业会计准则规定,现对永续债相关会计处理规定如下。

一、关于总体要求

已执行2017年修订的第22号准则(财会〔2017〕7号)和第37号准则(财会〔2017〕14号,以下统称新金融工具准则)的企业,应当按照新金融工具准则和本规定,对永续债进行会计处理。仍执行2006年印发的第22号准则(财会〔2006〕3号)和2014年修订的第37号准则(财会〔2014〕23号,以下统称原金融工具准则)的企业,应当按照原金融工具准则和本规定,对永续债进行会计处理。本规定适用于执行企业会计准则的企业依照国家相关规定在境内外发行的永续债和其他类似工具。

二、关于永续债发行方会计分类应当考虑的因素

永续债发行方在确定永续债的会计分类是权益工具还是金融负债（以下简称会计分类）时，应当根据第37号准则规定同时考虑下列因素：

（一）关于到期日。

永续债发行方在确定永续债会计分类时，应当以合同到期日等条款内含的经济实质为基础，谨慎判断是否能无条件地避免交付现金或其他金融资产的合同义务。当永续债合同其他条款未导致发行方承担交付现金或其他金融资产的合同义务时，发行方应当区分下列情况处理：1.永续债合同明确规定无固定到期日且持有方在任何情况下均无权要求发行方赎回该永续债或清算的，通常表明发行方没有交付现金或其他金融资产的合同义务。2.永续债合同未规定固定到期日且同时规定了未来赎回时间（即"初始期限"）的：（1）当该初始期限仅约定为发行方清算日时，通常表明发行方没有交付现金或其他金融资产的合同义务。但清算确定将会发生且不受发行方控制，或者清算发生与否取决于该永续债持有方的，发行方仍具有交付现金或其他金融资产的合同义务。（2）当该初始期限不是发行方清算日且发行方能自主决定是否赎回永续债时，发行方应当谨慎分析自身是否能无条件地自主决定不行使赎回权。如不能，通常表明发行方有交付现金或其他金融资产的合同义务。

……

三、关于永续债持有方会计分类的要求

除符合《企业会计准则第2号——长期股权投资》（财会〔2014〕14号）规定适用该准则的外，永续债持有方应当区分下列情况对永续债进行会计处理：

（一）持有方已执行新金融工具准则。

持有方在判断持有的永续债是否属于权益工具投资时，应当遵循第22号准则和第37号准则的相关规定。对于属于权益工具投资的永续债，持有方应当按照第22号准则的规定将其分类为以公允价值计量且其变动计入当期损益的金融资产，或在符合条件时对非交易性权益工具投资初始指定为以公允价值计量且其变动计入其他综合收益。对于不属于权益工具投资的永续债，持有方应当按照该准则规定将其分类为以摊余成本计量的金融资产，以公允价值计量且其变动计入其他综合收益的金融资产，或以公允价值计量且其变动计入当期损益的金融资产。在判断永续债的合同现金流量特征时，持有方必须严格遵循第22号准则第十六条至第十九条的规定，谨慎考虑永续债中包含的选择权。

……

四、生效日期

本规定自发布之日起施行。

20.5 规则

规则是由某特定群体内部成员共同制定并遵守的章程和条例，是一种约定俗成的规范性文书，具有明文规定性、共同遵守性等特点。

20.5.1 规则的写作要领

规则一般由标题、正文、落款三部分组成，如表 20-5 所示。

表20-5 规则的关键点

要素	写作要求
标题	主要有两种格式：第一种由"制发单位＋事由＋文种"构成，如《××考试规则》；第二种由"事由＋文种"构成，如《××工作规则》
正文	第一部分写清楚制定规则的目的、依据。第二部分采取分条式写清楚规则的相关内容。有的时候也可以按照总则、分则、附则的方式书写，其中附则主要用来说明执行规则的有关要求
落款	主要包括发文机关名称和时间。如果标题下方没有注明，需要按照正常行文格式写在全文右下方

20.5.2 范文

 规则

国务院工作规则

（2023年3月17日国务院第1次全体会议通过）

第一章 总则

一、根据《中华人民共和国宪法》和《中华人民共和国国务院组织法》等有关

法律法规，制定本规则。

……

第二章　组成人员和政府职能

四、国务院由总理、副总理、国务委员、各部部长、各委员会主任、人民银行行长、审计长、秘书长组成。

……

第三章　工作原则

八、坚持党的领导。坚决在以习近平同志为核心的党中央坚强领导下开展工作，全面贯彻党的路线方针政策，全面落实党中央决策部署。坚持和完善党领导经济社会发展的体制机制，完善党中央重大决策部署落实机制，健全和落实请示报告制度，重大决策、重大事项、重要情况及时向党中央请示报告。

……

第四章　监督制度

十四、国务院要自觉接受全国人大及其常委会的监督，认真负责地报告工作，接受询问和质询；自觉接受全国政协的民主监督，虚心听取意见和建议。

国务院各部门要认真办理全国人大代表建议和全国政协委员提案，加强与代表委员沟通，严格落实办理责任和时限，主动公开办理结果。

……

第五章　会议制度

十八、国务院实行国务院全体会议和国务院常务会议制度。国务院工作中的重大问题，须经国务院常务会议或者国务院全体会议讨论决定。

……

第六章　公文处理

二十七、各地区、各部门向国务院报送公文，应当符合《党政机关公文处理工作条例》的规定，严格遵循行文规则和程序。行文应当确有必要，讲求实效；未经批准不得越级行文，不得多头报文；请示应当一文一事，报告不得夹带请示事项。除国务院领导同志交办事项和必须直接报送的绝密级事项外，一般不得直接向国务院领导同志个人报送公文。

拟提请党中央审议或提请以党中央、国务院名义联合发文的文件稿，内容主要涉及政府职责且牵头起草部门为国务院部门的，应依照中央有关规定，先报国务院履行相关审核程序。

……

第七章 工作落实

三十四、国务院要自觉对标对表，坚决贯彻落实党中央重大决策部署和习近平总书记重要指示批示，坚持系统观念，加强研究部署，压实主体责任，完善工作机制，强化跟踪督办，及时报告办理进展，确保见到实效。国务院领导同志要亲力亲为抓落实，指导、推动、督促分管领域和部门，加强协调推进，确保党中央政令畅通、令行禁止。

……

第八章 工作纪律和自身建设

三十七、国务院及各部门要贯彻落实全面从严治党要求，切实加强自身建设。要严格遵守政治纪律和政治规矩，严格落实廉洁从政各项规定，严格落实中央八项规定及其实施细则精神。国务院领导同志要以身作则、以上率下，抓好分管领域和部门的党风廉政建设。

……

20.6 细则

细则是对某一法规、条令等进一步具体化、详细化的补充和解释，其目的是通过补充和解释原法规、条令，使原法规、条令能够更加顺利地执行。细则通常被称为实施细则。

20.6.1 细则的写作要领

细则是对已经颁布的法律法规、规章制度、条令条例等作出具体说明和解释的文书，具有补充性、辅助性等特点，是对已发布的相关内容的进一步细化。细则一般由标题、正文两部分组成，如表20-6所示。

表20-6 细则的关键点

要素	写作要求
标题	一般由"原法则名称＋文种"构成，如《××细则》

续表

要素	写作要求
正文	第一部分先写清楚制定细则的目的、依据等；第二部分采取分条式写清楚细则的相关内容。有的时候也可以按照总则、分则、附则的方式书写，其中附则主要用来说明具体执行的有关要求

20.6.2 范文

范例 20-6 实施细则

中华人民共和国反间谍法实施细则

第一章 总则

第一条 根据《中华人民共和国反间谍法》（以下简称《反间谍法》），制定本实施细则。

第二条 国家安全机关负责本细则的实施。

公安、保密行政管理等其他有关部门和军队有关部门按照职责分工，密切配合，加强协调，依法做好有关工作。

第三条 《反间谍法》所称"境外机构、组织"包括境外机构、组织在中华人民共和国境内设立的分支（代表）机构和分支组织；所称"境外个人"包括居住在中华人民共和国境内不具有中华人民共和国国籍的人。

……

第二章 国家安全机关在反间谍工作中的职权

第九条 境外个人被认为入境后可能进行危害中华人民共和国国家安全活动的，国务院国家安全主管部门可以决定其在一定时期内不得入境。

第十条 对背叛祖国、危害国家安全的犯罪嫌疑人，依据《反间谍法》第八条的规定，国家安全机关可以通缉、追捕。

……

第三章 公民和组织维护国家安全的义务和权利

……

第十七条 《反间谍法》第二十四条所称"非法持有属于国家秘密的文件、资料和其他物品"是指：

（一）不应知悉某项国家秘密的人员携带、存放属于该项国家秘密的文件、资料和其他物品的；

（二）可以知悉某项国家秘密的人员，未经办理手续，私自携带、留存属于该项国家秘密的文件、资料和其他物品的。

……

第四章 法律责任

第十九条 实施危害国家安全的行为，由有关部门依法予以处分，国家安全机关也可以予以警告；构成犯罪的，依法追究刑事责任。

第二十条 下列情形属于《反间谍法》第二十七条所称"立功表现"：

（一）揭发、检举危害国家安全的其他犯罪分子，情况属实的；

（二）提供重要线索、证据，使危害国家安全的行为得以发现和制止的；

……

第五章 附则

第二十五条 国家安全机关、公安机关依照法律、行政法规和国家有关规定，履行防范、制止和惩治间谍行为以外的其他危害国家安全行为的职责，适用本细则的有关规定。

第二十六条 本细则自公布之日起施行。1994年6月4日国务院发布的《中华人民共和国国家安全法实施细则》同时废止。

20.7 条例

条例是对某特定领域或者某特定事项依法制定的、全面系统且长期有效的法规性文书，具有很强的法律效力，一旦制定，人人必须遵守。常见的条例有工作条例、特定对象条例（如军事条例等）。

20.7.1 条例的写作要领

通常情况下，条例由国家最高行政机关或者具有批准权限的地方立法机关批准并发布。条例主要是针对国家政治、经济、文化等各个领域内的某些具体事项而作出的规定。条例内容非常广泛，是国家有关法律法规的相应补充，属于行政法规范畴，在所规定的相关领域中，具有系统全面、长期有效等特点。制定条例的一般依据都是国家规定的相关法律法规，比如我国的《森林防火条例》就是依据《中华人民共和国森林法》制定实施的。条例一旦制定发布，必须人人遵守，违反条例规定，要承担法律后果。

条例一般由标题、正文、签署三部分组成，如表20-7所示。

表20-7 条例的关键点

要素	写作要求
标题	一般由"内容+事由+文种"构成，如《××文化旅游工作条例》。如果该条例还不能正式发布实施，但是需要暂时在一定范围内试行，则要在标题后面加"暂行""试行"等字眼，并加上小括号
正文	第一部分写清楚制定条例的目的、依据、意义、适用范围等，第二部分采取分条式写清楚条例的相关内容，层次要清楚。正文有时也可以按照总则、分则、附则的方式书写，其中附则主要用来说明执行细则的有关要求。在拟制发布条例的时候，要注意条例和有关法律法规之间的相互依存和相互补充关系，确保其权威性和严肃性
签署	指在条例的标题下标注条例通过的时间、会议名称、公布的日期及施行的日期等信息

20.7.2 范文

范例20-7 对有关法律法规进行补充的条例

<h1 style="text-align:center">森林防火条例</h1>

（1988年1月16日国务院发布　2008年11月19日国务院第36次常务会议修订通过　2008年12月1日中华人民共和国国务院令第541号公布　自2009年1月1日起施行）

第一章　总则

第一条　为了有效预防和扑救森林火灾，保障人民生命财产安全，保护森林资源，维护生态安全，根据《中华人民共和国森林法》，制定本条例。

第二条　本条例适用于中华人民共和国境内森林火灾的预防和扑救。但是，城市市区的除外。

第三条　森林防火工作实行预防为主、积极消灭的方针。

……

第二章　森林火灾的预防

第十三条　省、自治区、直辖市人民政府林业主管部门应当按照国务院林业主管部门制定的森林火险区划等级标准，以县为单位确定本行政区域的森林火险区划等级，向社会公布，并报国务院林业主管部门备案。

……

第三章　森林火灾的扑救

第三十一条　县级以上地方人民政府应当公布森林火警电话，建立森林防火值班制度。

任何单位和个人发现森林火灾，应当立即报告。接到报告的当地人民政府或者森林防火指挥机构应当立即派人赶赴现场，调查核实，采取相应的扑救措施，并按照有关规定逐级报上级人民政府和森林防火指挥机构。

……

第四章　灾后处置

第四十条　按照受害森林面积和伤亡人数，森林火灾分为一般森林火灾、较大森林火灾、重大森林火灾和特别重大森林火灾：

（一）一般森林火灾：受害森林面积在1公顷以下或者其他林地起火的，或者死亡1人以上3人以下的，或者重伤1人以上10人以下的；

（二）较大森林火灾：受害森林面积在1公顷以上100公顷以下的，或者死亡3人以上10人以下的，或者重伤10人以上50人以下的；

……

第五章　法律责任

第四十七条　违反本条例规定，县级以上地方人民政府及其森林防火指挥机构、县级以上人民政府林业主管部门或者其他有关部门及其工作人员，有下列行为之一的，由其上级行政机关或者监察机关责令改正；情节严重的，对直接负责的主管人员和其他直接责任人员依法给予处分；构成犯罪的，依法追究刑事责任：

（一）未按照有关规定编制森林火灾应急预案的；

（二）发现森林火灾隐患未及时下达森林火灾隐患整改通知书的；

……

第六章　附则

第五十四条　森林消防专用车辆应当按照规定喷涂标志图案，安装警报器、标志灯具。

第五十五条　在中华人民共和国边境地区发生的森林火灾，按照中华人民共和国政府与有关国家政府签订的有关协定开展扑救工作；没有协定的，由中华人民共和国政府和有关国家政府协商办理。

第五十六条　本条例自 2009 年 1 月 1 日起施行。

第 21 章

司法类文书写作要领及范例

21.1	起诉状	/ 160
21.2	答辩状	/ 166
21.3	行政复议申请书	/ 168
21.4	财产保全申请书	/ 170
21.5	证据保全申请书	/ 172
21.6	民事再审申请书	/ 173
21.7	国家赔偿申请书	/ 175

21.8	上诉状	/ 177
21.9	委托书	/ 178
21.10	收条	/ 180
21.11	协议书	/ 181

21.1 起诉状

起诉状是原告向相应的人民法院递交的旨在控告被告相关违法行为的文书。常用的起诉状有民事起诉状、刑事起诉状和行政起诉状等。

21.1.1 起诉状的写作要领

首先应该明确我国法律中关于起诉的相关规定。

《中华人民共和国民事诉讼法》第一百二十二条规定："起诉必须符合下列条件：（一）原告是与本案有直接利害关系的公民、法人和其他组织；（二）有明确的被告；（三）有具体的诉讼请求和事实、理由；（四）属于人民法院受理民事诉讼的范围和受诉人民法院管辖。"第一百二十三条规定："起诉应当向人民法院递交起诉状，并按照被告人数提出副本。书写起诉状确有困难的，可以口头起诉，由人民法院记入笔录，并告知对方当事人。"第一百二十四条规定："起诉状应当记明下列事项：（一）原告的姓名、性别、年龄、民族、职业、工作单位、住所、联系方式，法人或者其他组织的名称、住所和法定代表人或者主要负责人的姓名、职务、联系方式；（二）被告的姓名、性别、工作单位、住所等信息，法人或者其他组织的名称、住所等信息；（三）诉讼请求和所根据的事实与理由；（四）证据和证据来源，证人姓名和住所。"

《中华人民共和国行政诉讼法》第二条规定："公民、法人或者其他组织认为行政机关和行政机关工作人员的行政行为侵犯其合法权益，有权依照本法向人民法院提起诉讼。前款所称行政行为，包括法律法规、规章授权的组织作出的行政行为。"第四十九条规定："提起诉讼应当符合下列条件：（一）原告是符合本法第二十五条规定的公民、法人或者其他组织；（二）有明确的被告；（三）有具体的诉讼请求和事实根据；（四）属于人民法院受案范围和受诉人民法院管辖。"

在具体写法上，起诉状一般由标题、正文及落款组成。民事起诉状、行政起诉状、刑事起诉状的关键点分别如表21-1、表21-2、表21-3所示。

表21-1 民事起诉状的关键点

要素	写作要求
标题	由"起诉相关事由+文种"构成，如《××民事起诉状》

续表

要素		写作要求
正文	当事人基本情况	应包括起诉状所涉及的当事双方的姓名、性别、年龄、民族、工作单位及职务、住址和联系方式等。如果涉及相关法人的，应当写明法人全称、住所地、法人代表姓名职务、委托代理人姓名、单位职务、地址等。 当事人基本情况这部分内容，不一定要把以上内容全部写全，应按照具体情况写，比如，涉及个人的诉讼状和涉及单位的诉讼状相关内容就有一定的区别。 起诉状的原告，应该是具有法定行为能力的公民。如果不具有法定的行为能力，如18周岁以下不具有民事行为能力等，则应该在当事人基本情况一栏中写明其法定代理人的相关情况，包括姓名、性别等
	案由	用简练、概括的语言写明被告的违法行为，如诽谤、侵犯名誉权等
	诉讼请求	是原告依法诉请人民法院保护自己合法权益的主张。原告应实事求是、具体明确地写清楚希望法院依法解决的具体事项和要求。诉讼请求有多项的，要分项列明白。在人民法院对该请求立案后，如果原告认为该诉讼请求内容不全或者需要变更，可以依法变更或者提出新的请求。对于需要申请财产保全或者涉及经济纠纷需要先行给付的，应该在立案前作为一项单独的请求提出来。如果是在立案后才提出相关请求，则需要重新递交申请书
	事实与理由	指双方争议的事实或者被告侵权的事实及证据。这部分是请求人民法院裁决当事人之间权益纠纷和争议的重要依据，应该写清楚事实及上诉的理由。包括发生争执的时间、地点、原因、经过、后果等，要真实、合理，不能歪曲事实，也不能提出不合理要求，否则既不利于法律机关进行公正宣判，也不受法律保护。至于材料的原件和副件，应按照法院相关要求进行递交。 通常情况下，理由部分包括两个方面：一个是认定案件事实的理由，另一个是提出法律依据的理由
	证据及证据来源	是证明所叙事实的真实性、可靠性的依据以及这些事实证据的来源。我国法律遵循"谁主张，谁举证"的原则，因此，原告有举证的责任。原告应当实事求是地写清楚涉及此诉状的合法证据及证据的来源
受文机关		在正文下一行，左空两格写"此致"。另起一段，顶格写明人民法院的名称
附件		另起一段，列出附件，附件内容包括附件的名称、份数等信息
落款		另起一段，在下方右侧，按照正常公文的格式，写明具状人的姓名和成文日期，并签字盖章

表21-2 行政起诉状的关键点

要素	写作要求
标题	由"起诉相关事由+文种"构成，如《××行政起诉状》
正文	与民事起诉状相似，行政起诉状的正文同样包括当事人基本情况、诉讼请求、事实与理由等部分，具体情况如下： 当事人基本情况与民事诉讼状的写法和内容基本类似，不再赘述。 在基本情况的最后应写明案由，案由应用简练、概括的语言写明被告的违法行为，如侵犯人身权、侵犯财产权等。 在诉讼请求中，应当写明"不服××行政机关关于××的裁决，请求依法审理"等字样。 事实部分主要写清楚被告侵犯起诉人合法权益的事实经过、原因及造成的后果。 理由部分主要围绕诉求和事实，列举相关证据，说明所涉及的行政机关或者其工作人员的违法行为，并充分说明证据的来源等情况。 与民事起诉状一样，行政起诉状的证据及证据来源应当实事求是，依法列举
受文机关	在正文下一行，左空两格写"此致"。另起一段，顶格写明人民法院的名称
附件	另起一段，列出附件，附件内容包括附件的名称、份数等信息
落款	另起一段，在下方右侧，按照正常公文的格式，写明具状人的姓名和成文日期，并签字盖章

表21-3 刑事起诉状的关键点

要素	写作要求
标题	由"起诉相关事由+文种"构成，如《××刑事起诉状》
正文	与民事起诉状相似，刑事起诉状的正文同样包括当事人基本情况、诉讼请求、事实与理由等部分，具体情况如下： 应写明原告与被告的基本情况，如姓名、性别、年龄、民族、籍贯、职业、工作单位等。如果原告和被告存在多人的情况，应该将所涉及的每个人的基本情况都写清楚。 在基本情况的最后应写明案由，案由应用简练、概括的语言写明被告的违法行为，比如诽谤、虐待等。 在诉讼请求中，应当严格依照我国刑法规定，写清楚被告侵犯原告权益的犯罪行为所涉及的罪名，并请求法院依法作出判决。 事实和理由部分应该依据事实和法律，对被告人的行为进行分析认定，并写清楚案件所涉及的时间、地点、动机、具体的行为等，并列举能够证实被告犯罪的证人、证言等。 结尾部分另起一段写明"如上所述，被告××犯××罪，依据××规定，恳请法院依法判决"等

续表

要素	写作要求
受文机关	在正文下一行,左空两格写"此致"。另起一段,顶格写明人民法院的名称
附件	另起一段,列出附件,附件内容包括附件的名称、份数等信息。在附件之上,可以加"附项",写明本诉状副本××份,物证××等内容
落款	另起一段,在下方右侧,按照正常公文的格式,写明具状人的姓名和成文日期,并签字盖章

21.1.2 范文

范例 21-1 民事起诉状

<h3 style="text-align:center">×× 民事起诉状</h3>

原告:××　　　　　　　性别:××

年龄:××　　　　　　　民族:××

职业:××　　　　　　　工作单位:××

住所:××　　　　　　　联系电话:××

被告:××　　　　　　　单位地址:××

法定代表人:××　　　　职务:××

联系电话:××

案由:××

诉讼请求

1.(略)

2.(略)

3.(略)

事实与理由

……

此致

××人民法院

  附件：1.（略）

     2.（略）

原告（具状人）：××

××年××月××日

范例 21-2　行政起诉状

××行政起诉状

原告：××	性别：××
年龄：××	民族：××
职业：××	工作单位：××
住所：××	联系电话：××
被告：××	单位地址：××
法定代表人：××	职务：××
联系电话：××	
案由：××	

诉讼请求

1.（略）

2.（略）

3.（略）

事实与理由

……

  此致

××人民法院

  附件：1.（略）

     2.（略）

原告（具状人）：××

××年××月××日

范例 21-3 刑事起诉状

××刑事起诉状

原告：××   性别：××

年龄：××   民族：××

职业：××   工作单位：××

住所：××   联系电话：××

被告：××   单位地址：××

法定代表人：××   职务：××

联系电话：××

案由：……

诉讼请求

1.（略）

2.（略）

3.（略）

事实与理由

……

鉴于以上事实，被告人事实侵犯名誉权罪和诽谤罪，情节严重，现依法向贵法院提起诉讼，恳请法院给予惩处。

此致

××人民法院

    附项：1.本诉状副本××份。

          2.证人：××、××、××

    附件：1.（略）

          2.（略）

原告（具状人）：××

××年××月××日

21.2 答辩状

答辩状是被告人针对原告的起诉，在法定期限内，依据事实和法律进行回答和辩驳的文书。常用的答辩状有民事答辩状、刑事答辩状、行政答辩状等。

21.2.1 答辩状的写作要领

答辩状是被告针对起诉状、反诉状等，依照法律规定或依据事实进行回答和辩驳的文书。答辩状一般由以下部分组成，如表21-4所示。

表21-4 答辩状的关键点

要素		写作要求
	标题	主要由"性质+文种"构成，如《民事答辩状》
正文	当事人基本情况	主要包括答辩人的基本情况，比如姓名、性别、年龄、民族、籍贯、职业、职务、工作单位、家庭住址、联系方式等。如果涉及代理人的，除了应当将代理人的基本情况交代清楚外，还应写清楚代理人与答辩人之间的关系。如果代理人是答辩人所委托的代理律师，只需写明律师的姓名、工作单位、具体职务即可。当事人基本情况写完后，另起一行，写清答辩的具体案由
	答辩事由	主要写清楚答辩人为什么要答辩，也就是答辩所针对的案件是什么。我国实行二审终审制度，因此，在拟制答辩事由的时候，要注意一审与二审的区别。一般情况下，一审的写法可直接引用所涉及的案件，如"因××所诉关于××一案，现提出答辩如下"或者"××年××月××日收到××起诉状副本，现就起诉状所述内容答辩如下"等类似的表述方法。二审答辩的写法可用"因××不服原审判决而上诉议案，现提出答辩如下"等表述。总体来说，就是按照自身在所涉及案件中的具体身份，采取合适的叙述方式进行答辩
	答辩理由	应重点阐述两个方面：一方面对所涉及案件的相关情况进行答辩，并实事求是地提出客观真实的事实作为佐证，要注意的是，所提出的客观事实必须经得起人民法院的实质审查；另一方面要说明答辩所适用的法律，说明原告违反的相关法律和自身答辩依据的相关法律
正文	答辩主张	在说明答辩事由并提出答辩理由后，要引出自己的答辩主张，也就是表明是否接受原告的起诉内容，接受多少，自己对本案的处理有什么主张，并恳请法院裁判时予以考虑
	受文机关	在正文下一行，左空两格写"此致"。另起一段，顶格写明人民法院的名称

续表

要素	写作要求
附件	另起一段,列出附件,附件内容应该涵盖附件的名称、份数等信息
落款	另起一段,在下方右侧,按照正常公文的格式,写明答辩人的姓名和成文日期,并签字盖章

21.2.2 范文

范例 21-4 民事答辩状

民事答辩状

答辩人:××　　　　　　　　性别:××

年龄:××　　　　　　　　　民族:××

职业:××　　　　　　　　　工作单位:××

住所:××　　　　　　　　　联系电话:××

法定代表人:××　　　　　　职务:××律师事务所律师

联系电话:××

因××一案,现提出答辩如下:

答辩理由

……

答辩主张

……

此致

××人民法院

　　附件:1.(略)

　　　　2.(略)

答辩人:××
××年××月××日

21.3 行政复议申请书

行政复议申请书是作为行政管理相对人的公民、法人或者其他组织,因行政机关的具体行政行为直接侵犯其合法权益而向有管辖权的行政机关申请复议时提交的,据以引起行政复议程序发生的法律文书。

21.3.1 行政复议申请书的写作要领

行政复议申请书是申请人认为行政机关的有关行政行为侵犯了其自身合法权益,而向具有管辖权的行政机关申请复议时递交的法律文书。根据《中华人民共和国行政复议法》(以下简称《行政复议法》)的规定,提起行政复议申请应符合下列条件:(1)有明确的申请人和符合《行政复议法》规定的被申请人;(2)申请人与被申请行政复议的行政行为有利害关系;(3)有具体的行政复议请求和理由;(4)在法定申请期限内提出;(5)属于《行政复议法》规定的行政复议范围;(6)属于本机关的管辖范围;(7)行政复议机关未受理过该申请人就同一行政行为提出的行政复议申请,并且人民法院未受理过该申请人就同一行政行为提起的行政诉讼。提出行政复议申请有两种形式:一种是口头形式,另一种是书面形式。书面的行政复议申请书一般由以下部分组成,如表21-5所示。

表21-5 行政复议申请书的关键点

要素		写作要求
标题		可直接写文种,即《行政复议申请书》
正文	当事人基本情况	主要包括申请人和被申请人的基本情况,如姓名、性别、年龄、民族、籍贯、职业、职务、工作单位、家庭住址、联系方式等。当事人基本情况写完后,另起一行,写清楚申请的具体案由
	事由	主要写清楚行政机关作出具体行政行为的日期和具有争议的具体行政行为
	目的和要求	写清楚希望法院作出何种判决,如"撤销××"
	事实和理由	主要写清楚申请复议的相关事实,准确陈述被申请人的相关行政行为,指出此行政行为与客观事实和客观情况不符,并提供准确真实的证据,说明证据来源。在此基础上,引用相关法律法规等作为申请复议的理由
	受文机关	在正文下一行,左空两格写"此致"。另起一段,顶格写明人民法院的名称

续表

要素	写作要求
附件	另起一段，列出附件，附件内容应该涵盖附件的名称、份数等信息
落款	另起一段，在下方右侧，按照正常公文的格式，写明申请人的姓名和成文日期，并签字盖章

21.3.2 范文

范例 21-5 行政复议申请书

<h2 style="text-align:center">行政复议申请书</h2>

申请人：×× 　　　　性别：××

年龄：×× 　　　　民族：××

职业：×× 　　　　工作单位：××

住所：×× 　　　　联系电话：××

被申请人：×× 　　性别：××

年龄：×× 　　　　民族：××

职业：×× 　　　　工作单位：××

住所：×× 　　　　联系电话：××

申请人因不服被申请人××的行政行为，现向××机关提出复议申请，要求××。

申请复议的事由

……

申请复议的目的和要求

……

申请复议的事实和理由

……

此致

××人民法院

  附件：1.（略）

     2.（略）

申请人：××
××年××月××日

 财产保全申请书

  财产保全申请书分为诉讼财产保全申请书和诉前财产保全申请书。财产保全是指人民法院在审理给付之诉的案件中，为确保将来生效的法律判决能够得到全面执行，在作出判决前，对当事人的财产或者争议标的物采取查封、扣押、冻结或者法律规定的其他方式进行保护的措施。

21.4.1 财产保全申请书的写作要领

  财产保全申请书是申请人为保证判决能够得到全面执行，在作出判决前，向人民法院申请对被申请人的财产或者争议标的物采取查封、扣押、冻结等方式进行保护时提交的文书。财产保全申请书一般由以下部分组成，如表21-6所示。

表21-6 财产保全申请书的关键点

要素		写作要求
标题		可直接写文种，即《财产保全申请书》
正文	当事人基本情况	主要包括申请人和被申请人的基本情况，比如姓名、性别、年龄、民族、籍贯、职业、职务、工作单位、家庭住址、联系方式等。当事人基本情况写完后，另起一行，写清楚申请的具体案由，其中所涉及的数据一定要准确、真实
正文	目的和要求	写清楚递交申请书的目的，以及希望法院作出何种判决
正文	事实和理由	主要写清楚涉案的相关事实，以及需要法院对相关财产进行保全的具体理由，包括所适用的相关法律等

续表

要素		写作要求
正文	证据及来源	准确地写清楚相关证据及其来源
受文机关		在正文下一行，左空两格写"此致"。另起一段，顶格写明人民法院的名称
附件		另起一段，列出附件，附件内容包括附件的名称、份数等信息
落款		另起一段，在下方右侧，按照正常公文的格式，写明申请人的姓名和成文日期，并签字盖章

21.4.2 范文

范例 21-6 财产保全申请书

财产保全申请书

申请人：××　　　　　　性别：××

年龄：××　　　　　　　民族：××

职业：××　　　　　　　工作单位：××

住所：××　　　　　　　联系电话：××

被申请人：××　　　　　性别：××

年龄：××　　　　　　　民族：××

职业：××　　　　　　　工作单位：××

住所：××　　　　　　　联系电话：××

因××一案，现向贵院提出申请，要求贵院对××财产进行保全。

申请的目的和要求

……

申请的事实和理由

……

证据及来源

……

此致

××人民法院

　　附件：1.（略）

　　　　　2.（略）

申请人：××

××年××月××日

证据保全申请书

证据保全申请书是案件当事人为了保全诉讼证据而向法院提交的申请书。

21.5.1　证据保全申请书的写作要领

证据保全申请书一般由以下部分组成，如表21-7所示。

表21-7　证据保全申请书的关键点

要素		写作要求
标题		可直接写文种，即《证据保全申请书》
正文	当事人基本情况	主要包括申请人的基本情况，如姓名、性别、年龄、民族、籍贯、职业、职务、工作单位、家庭住址、联系方式等。当事人基本情况写完后，另起一行，写清楚申请的具体案由
	申请的事项	写清楚递交申请书所涉及的相关事项
	申请事实和理由	主要写清楚相关事实以及递交申请的理由
受文机关		在正文下一行，左空两格写"此致"。另起一段，顶格写明人民法院的名称
附件		另起一段，列出附件，附件内容包括附件的名称、份数等信息
落款		另起一段，在下方右侧，按照正常公文的格式，写明申请人的姓名和日期，并签字盖章

21.5.2 范文

范例 21-7 证据保全申请书

证据保全申请书

申请人：×× 　　性别：××

年龄：×× 　　民族：××

职业：×× 　　工作单位：××

住所：×× 　　联系电话：××

案由：因××一案，现向贵院提出申请，要求贵院对××相关证据进行保全。

申请事项

……

申请的事实和理由

……

此致

××人民法院

　　附件：1.（略）

　　　　2.（略）

申请人：××

××年××月××日

21.6 民事再审申请书

民事再审申请书是案件当事人对法院作出的判决不服，依法向上一级法院提起再审申请时递交的文书。

21.6.1 民事再审申请书的写作要领

民事再审申请书主要针对民事案件，是当事人对法院作出的生效民事判决、裁定或者调解不服，按照法定的程序和期限，向上一级人民法院或者向原审法院提起再审申请时使用的文书。民事再审申请书一般由以下部分组成，如表21-8所示。

表21-8 民事再审申请书的关键点

要素		写作要求
标题		可直接写文种，即《民事再审申请书》
正文	当事人基本情况	主要包括申请人和被申请人的基本情况，比如姓名、性别、年龄、民族、籍贯、职业、职务、工作单位、家庭住址、联系方式等。当事人基本情况写完后，另起一行，写清楚申请的具体案由
	申请的事项	写清楚递交申请书所涉及的相关事项
	申请事实和理由	主要写清楚相关事实以及递交申请的相关理由
受文机关		在正文下一行，左空两格写"此致"。另起一段，顶格写明人民法院的名称
附件		另起一段，列出附件，附件内容包括附件的名称、份数等信息
落款		另起一段，在下方右侧，按照正常公文的格式，写明申请人的姓名和成文日期，并签字盖章

21.6.2 范文

范例21-8 民事再审申请书

民事再审申请书

申请人：×× 性别：××

年龄：×× 民族：××

职业：×× 工作单位：××

住所：×× 联系电话：××

被申请人：×× 性别：××

年龄：×× 民族：××

职业：×× 　　　　　　工作单位：××

住所：×× 　　　　　　联系电话：××

申请人××因与被申请人××所发生的××一案，不服××人民法院××年××月××日（××）字第××号民事判决，根据……的规定，现提出再审申请。

申请事项

……

申请的事实和理由

……

此致

××人民法院

　　附件：1.（略）

　　　　　2.（略）

再审申请人：××

××年××月××日

21.7 国家赔偿申请书

国家赔偿申请书是当事人依法向国家提出相应赔偿时使用的文书。

21.7.1　国家赔偿申请书的写作要领

国家赔偿申请书一般由以下部分组成，如表21-9所示。

表21-9　国家赔偿申请书的关键点

要素		写作要求
标题		可直接写文种，即《国家赔偿申请书》
正文	当事人基本情况	主要包括赔偿请求人和赔偿义务机关的基本情况，比如姓名、性别、年龄、民族、籍贯、职业、职务、工作单位、家庭住址、联系方式、单位名称等。当事人基本情况写完后，另起一行，写清楚申请的具体案由
	申请事项	写清楚递交申请书所涉及的相关事项
	申请事实和理由	主要写清楚相关事实以及递交申请的相关理由

续表

要素	写作要求
受文机关	在正文下一行，左空两格写"此致"。另起一段，顶格写明人民法院的名称
附件	另起一段，列出附件，附件内容包括附件的名称、份数等信息
落款	另起一段，在下方右侧，按照正常公文的格式，写明申请人的姓名和成文日期，并签字盖章

21.7.2　范文

范例 21-9　国家赔偿申请书

国家赔偿申请书

申请人：××　　　　　性别：××

年龄：××　　　　　　民族：××

职业：××　　　　　　工作单位：××

住所：××　　　　　　联系电话：××

赔偿义务机关：××　　法人代表：××　职务××

联系电话：××

××因××一案，申请××事项。

……

申请的事实和理由

……

此致

××人民法院

　　附件：1.（略）

　　　　2.（略）

赔偿请求人：××

××年××月××日

21.8 上诉状

上诉状是当事人对法院一审判决不服,在法定期限内向上一级法院提出上诉时所使用的文书。上诉状常见类型有民事上诉状、行政上诉状和刑事上诉状等。

21.8.1 上诉状的写作要领

上诉状一般由以下部分组成,如表21-10所示。

表21-10 上诉状的关键点

要素		写作要求
标题		按照正常行文格式,写明《××上诉状》即可
正文	当事人基本情况	写清楚当事人的基本情况,包括姓名、年龄、性别、民族、机关、职业、工作单位等信息。如果有代理人,还要写上代理人的基本情况
	上诉请求	标明具体对哪一份裁决不服,如"上诉人因××一案,不服人民法院××年××月××日作出的(××)字第××号判决,现依法提出上诉"
	上诉理由	依法依据提出上诉的理由
受文机关		在正文下一行,左空两格写"此致"。另起一段,顶格写明人民法院的名称
附件		另起一段,列出附件,附件内容包括附件的名称、份数等信息
落款		另起一段,在下方右侧,按照正常公文的格式,写明申请人的姓名和日期,并签字盖章

21.8.2 范文

范例 21-10 上诉状

上诉状

上诉人:××   性别:××

年龄:××   民族:××

职业：××　　　　　　　工作单位：××

住所：××　　　　　　　联系电话：××

被诉人：××　　　　　　单位名称：××

联系电话：××

上诉请求

撤销××号民事判决书。

上诉理由

上诉人认为，××人民法院作出的××号民事判决书"在认定事实、适用法律上存在错误：

……

综上所述，上诉人请求贵院依据前述法律、司法解释及立法本意，撤销××，改判××。

此致

××市人民法院

附件：1.（略）

　　　2.（略）

申请人：××
××年××月××日

委托书

委托书是委托人依法授权他人代表自己行使相关合法权益时所使用的法律文书。

21.9.1　委托书的写作要领

委托书一般由以下部分组成。如表21-11所示。

表21-11　委托书的关键点

要素	写作要求
标题	按照正常格式书写，在上方正中位置注明《××委托书》

续表

要素		写作要求
正文	当事人基本情况	写清楚委托人与被委托人的基本情况，包括姓名、年龄、性别、民族、职业、工作单位等信息
	委托原因和事项	交代委托原因、委托事项、法律责任等内容
	委托期限	写清楚此委托事项的时限
落款		按照正常公文的格式，写明委托人姓名和成文日期，并盖章

21.9.2 范文

范例 21-11　委托书

委托书

委托人：××　　　　　　性别：××

年龄：××　　　　　　　民族：××

职业：××　　　　　　　工作单位：××

住所：××　　　　　　　联系电话：××

被委托人：××　　　　　单位名称：××

联系电话：××

委托原因及事项

……

委托期限

……

委托人：××

××年××月××日

21.10 收条

为了防止出现各类纠纷,通常情况下,在收到或者给付相应的款项、物品时,收受方会拟写一份收条,以证明事件成立且受法律保护。收条也称收据,是收到他人或单位交付的财物时写给对方的一种凭据性运用文。需要注意的是,收条并不能作为财务报销的凭证计入财务账目。

21.10.1 收条的写作要领

收条一般由标题、正文、落款等部分组成,如表21-12所示。

表21-12 收条的关键点

要素	写作要求
标题	直接写"收条"二字
正文	按照正常的写作要求,以"今收到……"开头,将所收到物品的性质、数量、原因、规格等写清楚,写得越详细越好,并且一定要注意不要有错别字,避免出现法律纠纷
落款	按照正常公文的格式,写明收受方姓名和成文日期,并盖章

21.10.2 范文

范例21-12 收条

收 条

今收到××现金10000元(壹万元整),特此为证。

收款人:××

××年××月××日

21.11 协议书

协议书是一种契约文书，我们日常生活中常见的合同、收据等都可以列入协议书的范畴。协议书是双方或多方为在某项事务中保障自身合法利益不受损害而共同签订的一种书面材料。这种书面材料具有法律效力，受法律保护。常见的协议书有租房协议书、买卖协议书等。

21.11.1 协议书的写作要领

协议书一般由以下部分组成，如表21-13所示。

表21-13 协议书的关键点

要素		写作要求
标题		主要是"性质+文种"，如《××协议书》
正文	当事人基本情况	应写清楚协议书所涉及的当事人的姓名和身份信息，并标明在协议书的下文中谁是甲方，谁是乙方，也可以用卖方、买方指代。如果存在第三者，可以用丙方代替。在任何情况下，协议书中都不能出现你方、我方等字眼
	协议目的和依据	主要写清楚签订协议书的目的和依据，如"为了……特签订此协议书"等
	协议事项	一般分条将当事人约定的事项写清楚，包括标的、数量、质量、要求、价款、合同期限等。此外，还需写清楚违约责任以及解决争议的方法等内容
	协议期限	主要写清楚协议书的有效期、份数等内容，并注明有无特殊要求
落款		签订协议书各方的姓名和成文日期，并盖章

21.11.2 范文

范例 21-13　合作协议书

××合作协议书

××（甲方）　　　　　　　　××（乙方）

为了……双方经过充分友好协商，特订立本协议。

一、建立密切的××合作关系，今后凡甲方承接的工程，装修设计任务均交给乙方承担。

二、乙方保证……

三、为保证设计的质量，甲方需要……

四、××由甲方组织实施。施工期间，乙方需要……以保证工程质量。

五、甲方需要在××日前向乙方支付设计费。

六、违约责任包括……

七、本协议自签订之日起生效。

八、本协议书一式两份，双方各执一份。

附件：××一份。

甲方：××（签章）	乙方：××（签章）
法人代表：××（签章）	法人代表：××（签章）
签订日期：××年××月××日	签订日期：××年××月××日
甲方地址：××	乙方地址：××
邮政编码：××	邮政编码：××
电话兼传真：××	电话兼传真：××
银行账号：××	银行账号：××
联系人：××	联系人：××

第22章

经贸类文书写作要领及范例

22.1	合同	/ 184
22.2	催款函	/ 186
22.3	询价函	/ 188
22.4	报价函	/ 189
22.5	订购函	/ 191
22.6	理赔函	/ 192
22.7	索赔函	/ 194
22.8	合作意向书	/ 195

22.1 合同

合同也叫契约，是相互平等的当事人之间设立、变更、终止民事关系的一种协议。订立合同要在法律规定的范围内进行，受法律保护，因此，合同具有合法性、平等性、约束性等特点。常见的合同有商业合同、租赁合同等多种类型。

22.1.1 合同的写作要领

合同一般由以下部分组成，如表 22-1 所示。

表22-1 合同的关键点

要素		写作要求
标题		由"性质+文种"构成，如《××区中心公园绿化带维护合同》。如果需要编号，则将编号写在标题正下方
正文	当事人基本情况	应写清楚合同所涉及的当事人名称（自然人写姓名、法人及其他组织写全称）和身份信息，并标明在合同关系中谁是甲方，谁是乙方，也可以用卖方、买方指代。如果存在第三方，可以用丙方代替。在任何情况下，合同中都不能出现你方、我方等字眼
	合同目的和依据	主要写清楚签订合同的目的和依据，如"为了……特签订此合同"等
	合同事项	一般用条款式，分条将当事人双方的约定写清楚，包括标的、数量、质量、要求、价款、合同期限等。此外，还需要写清楚违约责任以及解决争议的方法等
	合同期限	主要写清楚合同的有效期、份数等内容，并注明有无特殊要求
落款		双方签字盖章，并注明签订日期

22.1.2 范文

范例 22-1 房屋租赁合同

房屋租赁合同

甲方（出租方）：　　　　　　身份证号：

乙方（承租方）：　　　　　　身份证号：

甲乙双方本着诚实信用、互惠互利原则，结合双方实际，协商一致，特签订本合同，以求共同恪守。

第一条　房屋坐落

房屋位于××市××街道××小区××号楼××房间，该房屋为××室××厅，可使用面积为××平方米，甲方将房屋出租给乙方做××使用。

第二条　租赁期限

租赁期共××年××月，出租人从××年××月××日起将出租房屋交付承租人使用，至××年××月××日收回。

承租人有下列情形之一的，出租人可以终止合同，收回房屋。

1. 承租人擅自将房屋转租、转让或转借的。
2. 承租人利用承租房屋进行非法活动，损害公共利益的。
3. 承租人拖欠租金累计达××个月的。

租赁合同如因期满而终止时，如承租人到期确实无法找到别的房屋，出租人应当酌情延长租赁期限。

如果承租人到期不搬走，出租人有权向人民法院起诉和申请执行，出租人因此所受的损失由承租人负责赔偿。

合同期满后，如出租人仍继续出租房屋的，承租人享有优先权。

第三条　租金和租金的缴纳期限

租金的标准和交纳期限，按国家的××规定执行（如果国家没有统一规定的，此条由出租人和承租人协商确定，但不得任意抬高）。

第四条　租赁期间房屋修缮

修缮房屋是出租人的义务。出租人对房屋及其设备应每隔××月（或年）认真检查、修缮一次，以保障承租人居住安全和正常使用。

出租人维修房屋时，承租人应积极协助，不得阻挠施工。出租人如确实无力修缮，同承租人协商合修，届时承租人付出的修缮费用即以冲抵租金或由出租人分期偿还。

第五条　出租人与承租人的变更

1. 如果出租人将房产所有权转移给第三方时，合同对新的房产所有者继续有效。
2. 出租人出卖房屋，须在3个月前通知承租人。在同等条件下，承租人有优先购买权。
3. 承租人需要与第三人互换住房时，应事先征得出租人同意，出租人应当支持承租人的合理要求。

第六条　违约责任

1. 出租人未按前述合同条款的规定向承租人交付合乎要求的房屋的，负责赔偿××元。

2. 出租人未按时交付出租房屋供承租人使用的，负责偿付违约金××元。

3. 出租人未（或未按要求）修缮出租房屋的，负责偿付违约金××元。如因此造成承租人身体受到伤害或财产受损的，负责赔偿损失。

4. 承租人逾期交付租金的，除仍应及时如数补缴外，应支付违约金××元。

5. 承租人违反合同，擅自将承租房屋转给他人使用的，应支付违约金××元。如因此造成承租房屋毁坏的，还应负责赔偿。

第七条　免责条件

房屋如因不可抗拒的原因导致毁损和造成承租人损失的，双方互不承担责任。

第八条　争议的解决方法

本合同在履行中如发生争议，双方应协商解决。协商不成时，任何一方均可向市场监督管理局经济合同仲裁委员会申请仲裁，也可以向人民法院起诉。

第九条　其他约定事项

……

第十条　本合同未尽事宜一律按照《中华人民共和国民法典》的有关规定，经合同双方协商，作出补充规定，补充规定与本合同具有同等效力。

本合同正本一式××份，出租人、承租人各执××份。合同副本××份，送单位备案。

甲方（盖章）：　　　　　　　　　　　乙方（盖章）：

××年××月××日　　　　　　　　××年××月××日

催款函

催款函是收款方因未在约定期限内收到欠款方应付的相关款项，而向欠款方拟制并送达的催收通知类文书。此类文书一般以书信的方式书写，有时也会以表格式呈现。这种表格式是人们长期实践中形成的一种固定模板，使用时直接填写相关信息即可。因不同的行业和对象所适用的表格存在差异，故本书不作具体介绍。

22.2.1 催款函的写作要领

催款函一般由以下部分组成，如表 22-2 所示。

表22-2 催款函的关键点

要素	写作要点
标题	可直接写文种，即《催款函》
发函单位名称	通常情况下，用印有信头的专用纸张书写，发函纸上印有发函公司的名称、地址、电话、邮箱、邮编等
受函单位名称	按照正常公文写作格式，在标题下方、正文上方，顶格书写受函单位的名称，要写全称。如果需要写负责人的姓名，则可以将职务加在姓名后面，以示尊敬
事由	写明发函的原因、事项、目的、意图等，文字要精简，事实要清楚，态度要诚恳。可以分段写，也可以分条写，结尾处用"特此函告"等语句结束全文
敬语	为了表示对受函者的尊敬，可以在事由结束后，另起一段，用"谨祝"等敬语结束全文
落款	按照正常公文格式书写，包括发函单位名称和主要负责人的姓名以及成文日期
附件	指随函一起发送的相关资料，如发票、单据等

22.2.2 范文

范例 22-2 催款函

催款函

××公司：

　　截至××年××月××日，我公司账面显示，贵公司尚欠我公司款项共计××元（大写人民币××元整）。根据与贵公司签订的有关合同协议约定，贵公司应于××年××月××日之前支付上述款项，但截至目前，我公司仍未收到该笔款项。因此，特请贵公司于近期内及时向我公司支付上述款项。

　　特此函告。

　　我公司账户名称：×× 　　　　　　开户银行：××

账号：××

顺祝商祺

××公司
××年××月××日

22.3 询价函

询价函是买方为了进一步了解商品的具体价格，以便作出相关决定而向卖方拟制递交的一种书信式问询函。询价函在商业领域使用比较广泛。

22.3.1 询价函的写作要领

询价函一般由以下部分组成，如表22-3所示。

表22-3 询价函的关键点

要素	写作要求
标题	可直接写文种，即《询价函》
发函单位名称	通常情况下，用印有信头的专用纸张书写，发函纸上印有发函公司的名称、地址、电话、邮箱、邮编等
受函单位名称	按照正常公文写作格式，在标题下方、正文上方，顶格书写受函单位的名称，要写全称。如果需要写负责人的姓名，则可以将职务加在姓名后面，以示尊敬
事由	写明发函的原因、事项、目的、意图等，文字要精简，事实要清楚，态度要诚恳。可以分段写，也可以分条写，结尾处用"特此函告"等语句结束全文，并提出相关希望
敬语	为了表示对受函者的尊敬，可以在事由结束后，另起一段，用"谨祝"等敬语结束全文
落款	按照正常公文格式书写，主要包括发函单位名称和主要负责人的姓名及成文日期
附件	指随函一起发送的相关资料，如发票、单据等

22.3.2 范文

范例 22-3　询价函

询价函

各受邀单位：

因我单位业务工作需要，欲采购××。现将采购情况函告如下，如贵公司有意，请予报价。

　　一、采购货物名称：××

　　二、采购数量：××

　　三、货物型号及主要技术参数：××

　　四、交货地点：我单位装备库，具体地址为××

　　五、交货期：××年××月××日

　　六、验收方法：××

　　七、报价要求：××

　　八、报价文件的组成

特此函告。

××公司

××年××月××日

22.4　报价函

报价函是卖方应买方询价函要求，对所出售商品价格作出答复时使用的一种书信式复函。报价函所含内容必须真实、准确，以保障交易顺利进行。

22.4.1　报价函的写作要领

报价函一般由以下部分组成，如表 22-4 所示。

表22-4 报价函关键点

要素	写作要求
标题	可直接写文种,即《报价函》
发函单位名称	通常情况下,用印有信头的专用纸张书写,发函纸上印有发函公司的名称、地址、电话、邮箱、邮编等
受函单位名称	按照正常公文写作格式,在标题下方、正文上方,顶格书写受函单位的名称,要写全称。如果需要写负责人的姓名,则可以将职务加在姓名后面,以示尊敬
事由	写明发函的原因、事项、目的、意图等,文字要精简,事实要清楚,态度要诚恳。可以分段写,也可以分条写,结尾处用"特此函告"等语句结束全文,并提出相关希望
敬语	为了表示对受函者的尊敬,可以在事由结束后,另起一段,用"谨祝"等敬语结束全文
落款	按照正常公文格式书写,主要包括发函单位名称和主要负责人的姓名及成文日期
附件	指随函一起发送的相关资料

22.4.2 范文

范例22-4 报价函

报价函

××公司:

由衷感谢贵公司来函询价,现将我公司××的有关信息提供如下:

产品编号:××

产品质量:××

产品规格:××

产品包装:××

产品价格:××

优惠价格:××

与本报价有关一切往来通信请寄至:

地址：××

本项目联系人：××

电话：××

传真：××

邮箱：××

邮编：××

××公司（公章）

××年××月××日

22.5 订购函

订购函是买方按双方谈妥的条件向卖方订购所需货物的一种交易类信函，一般以书信的格式书写。

22.5.1 订购函的写作要领

订购函一般由以下部分组成，如表22-5所示。

表22-5 订购函的关键点

要素	写作要求
标题	可直接写文种，即《订购函》
发函单位名称	通常情况下，用印有信头的专用纸张书写，发函纸上印有发函公司的名称、地址、电话、邮箱、邮编等
受函单位名称	按照正常公文写作格式，在标题下方、正文上方，顶格书写受函单位的名称，要写全称。如果需要写负责人的姓名，则可以将职务加在姓名后面，以示尊敬
事由	写明发函的原因、事项、目的、意图等，文字要精简，事实要清楚，态度要诚恳，争取使受函者心情舒畅地阅读。可以分段写，也可以分条写，结尾处用"特此函告"等语句结束全文，并提出相关希望
敬语	为了表示对受函者的尊敬，可以在事由结束后，另起一段，用"谨祝"等敬语结束全文
落款	落款按照正常公文格式书写，主要包括发函单位名称和主要负责人的姓名及成文日期
附件	指随函一起发送的相关资料

22.5.2 范文

范例 22-5 订购函

订购函

××公司:

贵公司××年××月××日的报价函已收悉,谢谢。经我公司讨论认为,贵公司报价比较合理,特订购如下产品:

……

结算方式:转账支票

交货地点:××　　　　　　　　收货人姓名:××

交货日期:××年××月××日　　联系电话:××

请准时运达货物,我方接到贵单位货物,将立即开具转账支票。

谢贵公司的支持与配合!

请予以办理为盼。

××公司

××年××月××日

22.6 理赔函

理赔函是承担理赔责任的一方按照发起索赔行为的一方所提出的具体要求而作出的复函。拟制理赔函时,内容要准确,语言要诚恳,以避免引发不必要的纠纷。

22.6.1 理赔函的写作要领

理赔函一般由以下部分组成,如表 22-6 所示。

表22-6　理赔函的关键点

要素	写作要求
标题	可直接写文种,即《理赔函》

续表

要素	写作要求
发函单位名称	通常情况下，用印有信头的专用纸张书写，发函纸上印有发函公司的名称、地址、电话、邮箱、邮编等
受函单位名称	按照正常公文写作格式，在标题下方、正文上方，顶格书写受函单位的名称，要写全称。如果需要写负责人的姓名，则可以将职务加在姓名后面，以示尊敬
事由	写明发函的原因、事项、目的、意图等，文字要精简，事实要清楚，态度要诚恳。可以分段写，也可以分条写，结尾处用"特此函告"等语句结束全文
敬语	为了表示对受函者的尊敬，有的时候可以在事由结束后，另起一段，用"谨祝"等敬语结束全文
落款	按照正常公文格式书写，主要包括发函单位名称和主要负责人的姓名及日期
附件	指随函一起发送的相关资料

22.6.2 范文

范例 22-6 理赔函

理赔函

××公司：

贵公司于××年××月××日的来函已经收到，我公司对来函中提到的相关理赔要求进行了彻底的调查……

经研究决定，我公司对贵公司在来函中提到的所有要求都予以接受，同意对贵公司进行相关赔偿。我公司将在最短时间内，以最快的速度和最诚挚的态度对贵公司的损失作出赔偿。

赔偿××费××万元；

赔偿……

赔偿……

如有疑问，请致电××，或者来函告知，来函地址：

……

特此复函。

××公司
××年××月××日

 索赔函

索赔函是因一方没有按照合同或约定履行相关义务而使另一方遭受损失，受损失的一方向不履行义务的一方提出赔偿相应损失时使用的信函。

22.7.1 索赔函的写作要领

索赔函由以下部分组成，如表22-7所示。

表22-7 索赔函的关键点

要素	写作要求
标题	可直接写文种，即《索赔函》
发函单位名称	通常情况下，用印有信头的专用纸张书写，发函纸上印有发函公司的名称、地址、电话、邮箱、邮编等
受函单位名称	按照正常公文写作格式，在标题下方、正文上方，顶格书写受函单位的名称，要写全称。如果需要写负责人的姓名，则可以将职务加在姓名后面，以示尊敬
事由	写明发函的原因、事项、目的、意图等，文字要精简，事实要清楚，态度要诚恳。可以分段写，也可以分条写，结尾处用"特此函告"等语句结束全文
敬语	为了表示对受函者的尊敬，有的时候可以在事由结束后，另起一段，用"谨祝"等敬语结束全文
落款	按照正常公文格式书写，主要包括发函单位名称和主要负责人的姓名及成文日期
附件	指随函一起发送的相关资料

22.7.2 范文

范例 22-7 索赔函

索赔函

××公司：

  我公司于××年××月××日订购了贵公司的一批××，其中出现部分物品质量不符合标准的情况，现将相关事宜告知贵方，希望贵方能够以贵我双方历来及今后良好的交往关系为重，赔偿我公司相应的经济损失，具体如下：

  一、订单内容

  订单日期：××年××月××日

  订单号：××

  订单所需规格标准：××

  贵方产品规格标准：××

  二、主要存在的问题

  ……

  三、我公司因此所受的损失

  ……

  综上所述，为保障贵我双方继续良好合作，经我公司董事会研究决定，要求贵公司赔偿我公司经济损失人民币××元整，望贵公司及时受理并来函告知。

  特此函告。急盼函复。

××公司

××年××月××日

 合作意向书

  合作意向书是邀请方向被邀请方发出的希望与之缔结相关协议的信函，具有意向性、沟通性等特点。一般情况下，合作意向书需要一式两份，合作双方各执一份。

22.8.1 合作意向书的写作要领

合作意向书一般由以下部分组成,如表22-8所示。

表22-8 合作意向书的关键点

要素		写作要求
标题		格式有三种:第一种是直接写文种,即《合作意向书》;第二种由"事由+文种"构成,如《关于××的合作意向书》;第三种由"单位名称+事由+文种"构成,如《××公司与××公司关于联合发展××的合作意向书》
正文	基本情况	主要写明合作单位名称,签订意向书的目的、原则以及希望达成的意向。通常用类似于"经友好协商,特签订本合作意向书如下"等语句过渡到主体部分
	合作的事项	由于双方合作往往会涉及很多情况,为使合作意向书内容更清晰、直观,通常采用条款的方式书写合作意向书,将需要双方共同遵守的事项逐一列举出来,并将下一步的工作计划写清楚
落款		写清楚签订合作意向书的双方单位名称、日期,并盖章

22.8.2 范文

范例 22-8 合作意向书

×× 合作意向书

甲方:_____(以下简称甲方)

乙方:_____(以下简称乙方)

双方本着××的原则精神,于××年××月××日,在××就有关××事宜进行了友好协商,在此基础上,双方同意××,现达成协议如下:

一、×× 问题

1.××

甲方同意××。初步确定……

2.合作期限与货币计算名称

合作期限:××

货币计算名称：双方不管以什么方式进行合作，一律以美元作为计算单位进行核算。

3. 付款方式

……

二、工程建设

1. 开工条件

……

2. 工程进度

……

3. 竣工时间

……

三、违约责任

1. 如果乙方未按《××》约定及时支付××款项，从滞纳之日起，每日按应缴纳费用的××缴纳滞纳金。逾期××日未全部付清的，甲方有权解除协议，并可请求违约赔偿。

2. 乙方取得××后未按协议规定建设的，应缴纳××的违约金。

3. 如果由于甲方原因使乙方……甲方应赔偿乙方××的违约金。

……

四、其他

1. 在履行本协议时，若发生争议，双方协商解决；协商不成的，双方同意向××市仲裁委员会申请仲裁，没有达成书面仲裁协议的，可向人民法院起诉。

2. 任何一方对于因发生不可抗力且自身无过错造成延误不能履行本协议有关条款之规定义务时，该种不履行将不构成违约。但当事一方必须采取一切必要的补救措施以减少造成的损失，并在发生不可抗力三十日内向另一方提交协议不能履行的或部分不能履行的，以及需延期的理由报告。同时，提供有关部门出具的不可抗力证明。

3. 本协议一式两份，甲、乙双方各执一份。两份协议具有同等法律效力，经甲、乙双方法定代表人（或委托代理人）签字盖章后生效。

4. 本协议于××年××月××日在中华人民共和国××省××市签订。

5. 本协议有效期限自××年××月××日起至××年××月××日止。

6.本协议未尽事宜,双方可另行约定后作为本协议附件,与本协议具有同等法律效力。

甲方:(签章)	乙方:(签章)
法定代表人(委托代理人):	法定代表人(委托代理人):
法人住所地:	法人住所地:
电话号码:	电话号码:
邮政编码:	邮政编码:

第 23 章

礼仪类文书写作要领及范例

23.1	邀请函	/ 200
23.2	聘书	/ 201
23.3	解聘书	/ 202
23.4	感谢信	/ 204
23.5	公开信	/ 206
23.6	表扬信	/ 208
23.7	慰问信	/ 210
23.8	倡议书	/ 212
23.9	贺电	/ 214
23.10	讣告	/ 216
23.11	介绍信	/ 218
23.12	推荐信	/ 219
23.13	批评信	/ 222
23.14	悼词	/ 223
23.15	唁电	/ 225

 邀请函

邀请函是发起某项活动时,向被邀请人发出的、希望其参加该活动的一种信函。邀请函应用非常广泛,一般有商务礼仪邀请函、国际合作邀请函等。

23.1.1 邀请函的写作要领

邀请函一般由以下部分组成,如表23-1所示。

表23-1 邀请函的关键点

要素	写作要求
标题	格式有两种:第一种由"事由+文种"构成,如《××邀请函》;第二种由"文种"构成,即《邀请函》
称谓	按照正常公文写作格式,在标题下方、正文上方,顶格书写受函单位的名称,要写全称。称谓前面加"尊敬的先生""尊敬的女士""尊敬的××"等用语。如果涉及具体人员的姓名,最好将其职务也写在后面,以示尊敬
正文	要写清楚发函的具体原因、目的、要求、时间、注意事项等,比如活动、会议或者项目的性质及要求等。如果内容较多,可以采取分段式或者分条式书写,并在结尾处用一些敬语,如"敬请光临""欢迎光临"等,以表诚意
落款	要将发函单位名称和主要负责人的姓名及成文日期写清楚,并加盖公章

23.1.2 范文

范例 23-1 邀请函

公司年会邀请函

尊敬的××:

××公司是一家××的公司,多年来,我公司始终致力于创造××。××年××月××日,我公司将在××举办××公司年会。我们诚挚邀请您出席本届年会。

本次年会主题为××,旨在为××搭建平台,分享专家对产业、行业发展趋

势以及国家产业政策趋势的分析与预测，推进政府与企业、企业与企业之间的对接，推动相关政策与商业智慧的融合，为增强××核心竞争力、开启产业辉煌贡献绵薄之力。

本次年会将特邀多位政府相关领导、行业专家，以及××装备制造、××企业的杰出企业家出席，届时有思考力和行动力的企业家们将和卓有成就、富有远见的专家一道，以××为主题，在政策、市场、技术、资本等领域倾力打造高端交流合作、宣传展示的平台，推动××产业健康、快速发展。届时将由众多具有影响力的媒体及知名行业媒体进行全程跟踪报道。

本次年会是首次由××自己举办的盛会。它不同于层出不穷的行业务虚会，也不同于各式各样的行业展销会，而是思想和智慧深度碰撞、交融与分享的盛典。

谨此，我们诚挚邀请您莅临本届年会，让我们在此传递友情、分享智慧、升华思想。衷心感谢您的支持和指导。

敬请光临为盼。

××公司
××年××月××日

 聘书

聘书是用人单位为了使自身职责范围内的某项工作顺利推进，或者获得更高的成绩，而向具有该领域权威的人士发出的、邀请其来本单位承担某项任务时使用的一种书信类文书。

23.2.1 聘书的写作要领

聘书一般由以下部分组成，如表23-2所示。

表23-2 聘书的关键点

要素	写作要求
标题	格式有两种：第一种由"单位名称+文种"构成，如《××聘书》；第二种是只写文种，即《聘书》。第二种格式多用于有封面的折页纸式聘书中，在折页纸的上方正中间，用美观、得体、合适的较大字体，写"聘书"二字

续表

要素	写作要求
称谓	聘书的称谓就是被聘者的姓名，同时要在姓名后加尊称，如"××先生""××女士"等，一般按照正常格式书写，写在标题下方第一行顶格位置
正文	写清楚聘请的具体原因，受聘者担任的具体职务、从事的工作内容、承担的工作任务、聘任期限、工作权限，以及提出的希望和要求等。 结尾一般要用敬语，如"此聘"等。当然，结尾敬语的使用比较灵活，也可以省略不写
落款	要将拟制聘书的单位名称和主要负责人的姓名及日期写清楚，并加盖公章

23.2.2 范文

 聘书

聘 书

××教授：

您长期以来一直致力于××的研究创新，在××的建设中作出了突出的贡献，是一位社会公认的资深专家。为进一步促进我公司××的生产质量，提高技术含量，打开市场，增大销售数量，以适应现代××，经我公司研究，并经双方沟通，决定聘用您为××技术指导带头人，聘期为5年。

此聘。

××公司（公章）

××年××月××日

23.3 解聘书

解聘书是被聘请人完成本单位与其商定的具体任务后，聘请方向被聘请人发出的用于解除双方合作关系的书信类文书。

23.3.1 解聘书的写作要领

解聘书一般由以下部分组成,如表 23-3 所示。

表23-3 解聘书的关键点

要素	写作要求
标题	可直接写文种,即在正文上方正中位置写《解聘书》
称谓	按照正常公文写作格式,在标题下方、正文上方,顶格书写,要写全称
正文	很多情况下,解聘涉及法律纠纷的可能性较大。因此,在解聘书的正文中,一定要写清楚解聘原因和解聘日期,被聘用者的工作成绩、现实表现,对解聘者的客观评价、相关要求、补偿办法以及其他需要说明的问题。在评价内容中,要坚持实事求是的原则,尽最大努力使被解聘者理解和接受
落款	要将拟制单位名称和主要负责人、被解聘人的姓名及成文日期写清楚,并加盖公章。一旦遇到法律纠纷,可以作为证据使用

23.3.2 范文

范例 23-3 解聘书

解聘书

甲方:××

联系电话:××

乙方:××

籍贯:××

联系电话:××

注册地址:××

法定代表人:××

身份证号码:××

职称:××

乙方自××年××月××日于甲方担任××职务。工作中,任劳任怨,成绩突出,待人友善,关系融洽,为甲方××工作作出了突出贡献。因原定的聘用期限已经到期,经双方协商,不再继续维持聘用关系。甲方和乙方均同意解除劳动聘用关系，同时甲方一次性给付乙方感谢费××元（大写××）。本解聘协议书，自××年××月××日起生效。

甲方：（签章）　　　　　　　　　　　　　乙方：（签章）

××年××月××日　　　　　　　　　　　××年××月××日

23.4 感谢信

感谢信是向帮助、关心和支持过自己的集体或个人表示感谢的专业书信，具有表扬和感谢双重意思。在日常生活中，常见的感谢信有写给集体的感谢信、写给个人的感谢信等，不管哪种类型的感谢信，书写时语气都要诚恳，要充分表达敬意和感谢之情。

23.4.1 感谢信的写作要领

感谢信一般由以下部分组成，如表23-4所示。

表23-4　感谢信的关键点

要素	写作要求
标题	格式有两种：第一种由"名称+文种"构成，如《××致××的感谢信》；第二种是只写文种，即《感谢信》
正文	采取合理的写作方式，将事情的原因、经过、结果、被感谢人的相关行为、需要表达的谢意等表述清楚。如果被感谢人是某单位的工作人员，也可以向该单位提出一些要求，如"希望贵单位能够给予××表扬"等
落款	要将拟制感谢信的单位名称或者个人姓名及成文日期写清楚

23.4.2 范文

 范例23-4　感谢信

感谢信

中共湖北省随州市委、市政府：

感谢贵市积极支持和参加中央电视台财经频道和盈科旅游联合制作的大型城市

文化旅游品牌竞演节目《魅力中国城》(第一季)。

《魅力中国城》自××年××月份启动,历时××个月,于××年元旦完美收官,获得了社会各界的广泛肯定。国家广电总局《收听收看日报》做出了特别表扬,人民日报、新华社、光明日报、工人日报、经济日报、中国旅游报等主流媒体从多个角度予以报道。截至××年××月,微博阅读量总计突破××,微信公众号发文阅读量超10万的文章累计××余篇。在央视财经频道栏目互联网传播力排名中一直遥遥领先,观众规模排名全频道第一,达到××人次,取得收视佳绩。在中央电视台综合频道(一套)的二次播出,更加凸显了《魅力中国城》的传播影响力,成为中央电视台现象级创新精品节目。

《魅力中国城》的成功,是和每一座竞演城市共同的努力分不开的,通过城市主政者真挚的演讲、助阵嘉宾和战队的精彩演出,展示了城市丰富的旅游资源、厚重的人文历史、昂扬的城市精神和独特的城市魅力,每个城市以独具特色的创意表达,不仅讲出了精彩的城市故事,而且汇聚成了绚丽多姿的中国故事,为海内外观众奉献了一道丰盛的文旅大餐。更为可喜的是,城市和城市之间通过节目中的竞演,形成了相互了解,相互学习,互通有无,互惠互利,共同发展文旅事业的格局。这是节目意外的收获,也是最有意义和价值的收获。可以说,没有贵城市的支持和参与,就不会有《魅力中国城》的完美呈现。衷心地感谢每一座充满活力,独具魅力的城市。

目前,第二季节目正在筹备。在第二季节目中,我们仍将密切关注首季参演城市,我们已经看到:主办单位与各竞演城市正在加强成果转化,城市联盟的建立正在积极推动,竞演城市间的文化经济交流正在深入进行,各城市的文化旅游产业正在蓬勃发展。同时也希望,财经频道和每一座城市的合作,将会有进一步的拓展和深化。

最后,再次对贵市参加《魅力中国城》竞演的辛勤付出和出色工作表示衷心感谢!

中央电视台财经频道

××年××月××日

23.5 公开信

公开信是向特定群体公开某方面信息时所使用的文书。它一般通过报刊、广播、电视等传统媒体及网络平台，以张贴、刊登、广播等方式进行发布，具有很强的指导作用、教育作用和宣传作用等。

23.5.1 公开信的写作要领

公开信通常由单位办公室拟制，需要加盖单位公章，一般是在推动工作、宣传政策制度、提出有关建议等时候使用。公开信有多种类型，包括表扬（鼓励、问候）类、批评（建议）类、公布喜讯（噩耗）类、澄清问题类等，写法上根据内容的不同略有区别，大多数情况下，其写法与普通书信相似。

公开信一般由以下部分组成。如表23-5所示。

表23-5 公开信的关键点

要素	写作要求
标题	格式有两种：第一种是只写文种，即《公开信》；第二种由"名称（事由）+文种"构成，如《××致××的公开信》
称谓	称谓要顶格书写。根据受文对象的不同，有区别地进行书写，比如，写给集体的就用集体的名称，如"亲爱的同学们"等，称谓后面加冒号，引起下文
正文	主要按照行文和内容安排的需要，采取分段式或者分条式，将需要发布的事项说清楚，并提出希望、要求和号召等。 篇幅不能太长，在拟制的时候切入主题要快，要紧密围绕核心议题，层次要清楚，结构要严谨。 拟制的过程中还要注意语言的选择，要根据不同的受文对象，采取不同的语气，要注意分寸。 结尾可以提出希望，或者号召等，并写上敬语，如"此致""敬礼"等
落款	包括公布公开信的单位名称或个人的姓名及成文日期等，并视情况加盖公章

23.5.2 范文

范例 23-5 征求意见公开信

征求意见公开信主要是为了向特定的受文对象征求某方面的意见建议，以期能够更快更好地推进某项工作而拟制发布的。撰写时要注意将涉及事项的原因、依据、目的、内容、要求、时限、联系方式等说清楚。联系方式应尽可能多提供几种，如电话、邮箱、传真等，但要明确以其中一个联系方式为主。语言要诚恳，态度要谦逊。

××关于征求为农民办实事工作意见建议公开信

广大农民朋友、关心"三农"发展的社会各界人士：

从2002年开始，××连续12年开展为农民办实事工作，共办理实事239件，切实解决了农民群众生产生活中的一些困难和问题，赢得了广泛好评。2013年，为农民办实事工作坚持"由农而生、为农而行、务农之实、求农之真"，新增普遍关心的项目，切实提高实事的"含金量"，共从宣传服务、科技培训、生产扶持、产销衔接、生活改善等5个方面为农民办理了27件实事。

为进一步做好为农民办实事工作，请您针对当前农业农村经济发展中最急需、最现实、最迫切需要解决的问题，提出为农民办实事的意见建议，于2014年××月××日之前通过电子邮件反馈至××。××将在充分吸收有关意见建议的基础上，形成2014年度为农民办实事工作方案，并通过有关媒体正式公布实施。

值此新春佳节即将到来之际，祝广大农民朋友五谷丰登家家乐，六畜兴旺户户欢！祝关心"三农"发展的社会各界人士平安如意年年好，人顺家和事事兴！

××
××年××月××日

范例 23-6 感谢（表扬）公开信

感谢（表扬）公开信主要是为了对某单位或者某人在某事项中的先进事迹表示感谢（表扬）而拟制发布的。因为这种先进事迹具有典型性和代表性，需要面向社会大众或者特定群体发布，以期激励大家学习先进，继续发扬这种精神。拟制的过程中需要将所涉及事项的前因后果和受表扬的单位或者个人的先进事迹写清楚，并在最后向受文者提出号召和希望。

××市政府对××市民的公开信

尊敬的市民朋友们：

春回大地，万象更新。2月28日在北京召开的全国精神文明建设工作表彰暨学雷锋志愿服务大会宣布，××市被评为"全国文明城市"，这是我市在2005年成为首批"全国文明城市"后第四次获此殊荣。

二十载努力功在全体市民，四连冠荣誉属于全体市民！我们坚持以创建文明城市为抓手，着眼于提高全体市民的福祉，着眼于城市的转型发展，努力营造全民共享的和美家园。全体市民无论行业、无论岗位、无论老幼，识大体、顾大局，万众一心，携手同行，以高度的责任感和荣誉感，参与到文明创建当中来。正是全市上下众志成城，砥砺前行，才成就了"全国文明城市"这份无比崇高的荣誉。在此，我们谨代表市委、市政府，向广大市民致以衷心的感谢和崇高的敬意。

文明城市创建只有起点，没有终点，只有更好，没有最好。我们历来主张，搞创建的根本目的是……

美丽××市是××万市民共同的家园……都在为我们的家园增光添彩。让我们共同努力，从零出发，再从自己做起、再从点滴做起、再从现在做起，自觉培育和践行社会主义核心价值观，自觉加强社会公德、职业道德、家庭美德、个人品德建设，说文明话、办文明事、做文明人，争做文明的践行者和传播者。我们相信，在全体市民的共同努力下，文明××市一定能够在新起点上实现新跨越，在新高峰上铸就新辉煌，谱写出更加美丽的新篇章。

××市市长 ××
××年××月××日

 表扬信

表扬信是向受表扬的对象表达对其优秀品行的颂扬之情而使用的一种文书。

23.6.1 表扬信的写作要领

表扬信是对某单位、集体、个人等的突出事迹、先进思想、优秀作风等进行赞扬的一种书信。其主要目的在于表扬先进，激励学习。因此，在结尾部分一般要提

出号召和希望。拟制这种文书的主体可以是单位，也可以是个人。受文对象可以是单位，也可以是个人。因为这种文书具有很强的时限性，所以拟制和发布表扬信一定要及时。同时，所涉及的相关事项一定要真实准确，语言要热情且简洁。

表扬信一般由以下部分组成，如表23-6所示。

表23-6 表扬信的关键点

要素	写作要求
标题	格式有两种：第一种是只写文种，即《表扬信》；第二种由"名称（事由）+文种"构成，如《××致××的表扬信》
称谓	通常情况下，表扬信应送达被表扬者的上级单位或者领导，并视情况加尊称，如"尊敬的××领导"等
正文	首先把事情的经过、结果等表述清楚，让受文者明白表扬的原因和目的是什么。然后，将需要表达的感情写出来。有时，还可以对受文单位提出一些要求，主要是希望受文单位表彰奖励被表扬者或者宣传其事迹
落款	要将拟制表扬信的单位名称或者个人的姓名及成文日期写清楚，并视情况加盖单位公章

23.6.2 范文

范例 23-7 表扬信

表扬信

××集团有限公司：

自××年××月××日以来，贵公司历经6个多月的连续艰苦工作，终于圆满完成了市级机关各单位的搬迁工作。

本次搬迁工作中，贵公司高度重视并积极响应，在搬迁前和搬迁中做了大量艰苦细致的组织与准备工作。为了克服任务重、时间长、标准高、要求严等诸多难题，贵公司派出专业搬迁团队，加班加点，放弃节假日休息时间，服从任务安排、遵守物业管理制度，最终保证了所有搬迁任务的按时完成，保证了人员和车辆安全零事故。

本次作业中，共计搬迁市级机关单位40家、装载物品车辆2000辆。在如此高强度的搬迁工作中，贵公司充分发挥了不怕吃苦、甘于奉献的精神，展示了贵公司的团队协作能力和优良的工作作风，实现了高效搬迁、有序搬迁与安全搬迁的目标，因此多次得到了市委有关领导的高度评价和充分肯定。

在此，我单位对贵公司为市级机关提供的优质搬迁服务提出表扬，希望在今后的工作中，再接再厉，为我市作出更大贡献。

××
××年××月××日

23.7 慰问信

慰问信是用于向被慰问对象表达关心、问候的礼仪类文书。常见的慰问信类型有对灾区群众的慰问信、节日慰问信等。

23.7.1 慰问信的写作要领

慰问信一般以单位名义拟制发布，通常是对有关单位或者个人进行慰问、问候时使用。慰问信一般由标题、称谓、正文、落款等部分组成，如表23-7所示。

表23-7 慰问信的关键点

要素	写作要求
标题	格式有两种：第一种是只写文种，即《慰问信》；第二种由"名称（事由）+文种"构成，如《××致××的慰问信》
称谓	写清楚慰问对象的名称，可以视情况加尊称
正文	首先，要把事情的经过、结果等表述明白，让受文者明白为什么要进行慰问。其次，将需要表达的感情写出来。最后，要提出希望或者鼓励等。语言上要有亲切感，以使受文单位、个人感到温暖
落款	要将拟制慰问信的单位名称和主要负责人的姓名及成文日期写清楚，并视情况加盖公章

23.7.2 范文

范例 23-8 对个人或者某个群体的慰问信

对个人或某个群体的慰问信,是针对特定的个人或群体拟制发布的专用书信,其主要作用在于肯定相关个人或群体的工作成绩,并鼓励其继续奋斗。

致广大官兵和优抚对象的慰问信

人民解放军指战员、武警部队官兵、民兵,全国烈军属、残疾军人、转业复员退伍军人、军队离退休干部:

值此新春佳节来临之际,全国双拥工作领导小组、退役军人事务部、中央军委政治工作部向你们致以诚挚问候和美好祝福!

2020年是极不平凡的一年。面对世纪疫情和百年变局交织,以习近平同志为核心的党中央团结带领全党全军全国各族人民,乘风破浪、坚定前行,在极不寻常的年份续写了举世瞩目的辉煌。这一年,我国统筹疫情防控和经济社会发展取得重大成果,在世界主要经济体中率先实现正增长,粮食生产喜获"十七连丰","天问一号"飞往火星,"嫦娥五号"带回月壤,"奋斗者"号实现万米深潜,决战脱贫攻坚取得决定性胜利,神州大地处处自信自强、生机勃勃。全军部队在习近平新时代中国特色社会主义思想和习近平强军思想指引下,坚定举旗铸魂,聚力备战打仗,推进建设改革,坚决完成党和人民赋予的各项任务,开创了强军兴军新局面,展示了人民军队新风貌。

回望2020年,人民解放军指战员、武警部队官兵和民兵永葆初心本色、忠实履行使命,在戍守边防、捍卫疆土中勇于担当,在维和护航、反恐维稳中勇敢冲锋,在抗洪抢险、脱贫攻坚中勇挑重任,特别是新冠肺炎疫情发生后,闻令而动、向险而行,用行动证明人民军队始终是党和人民完全可以信赖的英雄军队。转业复员退伍军人和军队离退休干部征衣虽解、军魂永存,在不同领域不同战线拼搏奉献、续写荣耀,为党旗军旗增添新的光彩。残疾军人和烈军属载誉不骄、顾全大局,克服工作生活困难,体现了坚韧不拔、自强不息的高尚品格。在强国强军伟大征程中,你们以勇毅笃行绘就恢弘画卷,用大爱情怀书写精彩华章,无愧于党和人民的期望重托，无愧于全社会的尊崇点赞。

充满希望的2021年已经到来，中国共产党即将迎来百年华诞，民族复兴的脚步时不我待。站在"两个一百年"历史交汇点，让我们更加紧密地团结在以习近平同志为核心的党中央周围，军地合力，军民同心，乘势而上开启新的征程，接续奋斗铸就新的辉煌，为实现中国梦强军梦作出新的更大贡献！

祝大家春节愉快，身体健康，和顺致祥！

全国双拥工作领导小组

退役军人事务部

中央军委政治工作部

2021年2月1日

范例23-9 涉及灾害或者受难人员的慰问信

涉及灾害或者受难人员的慰问信，是针对遭受灾害或者灾难的人群、单位进行问候安慰时使用的专用书信，主要表达对受难方的慰问和关心。

××向××的慰问信

××总统阁下：

惊悉贵国突发地震灾害，造成重大人员伤亡和财产损失，我对此深感悲痛。

我谨代表我国政府和人民，向您并通过您，向贵国政府和人民表示深切的慰问，对遇难者表示深切哀悼。

××（职务） ××（姓名）

××年××月××日

23.8 倡议书

倡议书是就某方面事项向特定群体拟定并发布，要求该群体共同执行某行为的礼仪类文书，具有约束性和宣传性等特点。

23.8.1 倡议书的写作要领

倡议书一般由以下部分组成，如表 23-8 所示。

表23-8 倡议书的关键点

要素	写作要求
标题	有两种格式：第一种是只写文种，即《倡议书》；第二种由"名称（事由）+文种"构成，如《××提出××的倡议书》
称谓	写清楚受文对象的名称，如"同学们""同志们"等
正文	主要将倡议书的原因、目的、意义、依据等写清楚，并提出希望或者表达决心
落款	要将拟制倡议书的单位名称和主要负责人的姓名及成文日期写清楚，并加盖公章

23.8.2 范文

范例 23-10　倡议书

政协潍坊市委员会关于全力投入抗灾救灾工作的倡议书

受连续强降雨影响，我市遭受严重的暴雨灾情灾害。在市委、市政府的坚强领导下，全市上下一心、众志成城，不怕困难、顽强拼搏，抗灾救灾工作有序开展。面对当前严峻的抗灾救灾形势，面对艰巨的灾后重建任务，特向全市各级政协组织、政协各参加单位、广大政协委员发出如下倡议：

一、提高政治站位，切实增强大局意识、责任意识。抗灾救灾工作直接关系人民群众生命财产安全，关系公众生产生活，关系经济平稳健康发展，关系社会大局稳定。以习近平同志为核心的党中央对受灾群众非常关心，省委、省政府对我市的抗灾救灾工作高度重视，打赢抗灾救灾这场硬仗是当前全市压倒一切的首要政治任务。全市各级政协组织、政协各参加单位、广大政协委员，要把思想和行动统一到中央和省、市委抗灾救灾决策部署和工作要求上来，树牢"四个意识"、坚定"四个自信"、做到"两个维护"；要充分认识当前抗灾救灾的艰巨性、严峻性，真正作为重要政治任务和中心工作，同心同德、共克时艰，全力以赴夺取抗灾救灾全面胜利。

二、发挥政协优势,在抗灾救灾攻坚战中彰显担当与作为。要坚持以人民为中心的思想,把人民群众生命财产安全放在首位,加强组织领导,充分发挥人民政协的界别优势和人才优势,大力弘扬"一方有难,八方支援"的优良传统,踊跃捐款捐物,齐心协力做好抗灾救灾各项工作。广大政协委员要围绕防汛抗灾救灾、安定受灾群众、促进灾后重建等重点工作,积极深入"第一线",勇当抗灾救灾工作的"排头兵"。受灾地区的政协委员,要树立必胜信心,带头开展恢复重建和生产自救。全市政协组织要无条件服从市委、市政府的统一安排,主动包村包企业,积极协助做好抢险救灾和灾后重建各项工作。政协委员和政协机关中的中共党员,要发挥先锋模范作用,勇于担当,团结和带领群众战胜困难。

三、汇聚正能量,积极营造全社会抗灾救灾的良好氛围。全市各级政协组织、政协各参加单位和广大政协委员,要充分发挥智力密集、联系面广的优势,积极配合党委、政府做好舆情引导和信息发布,做好正面宣传、解疑释惑工作。要深入群众,广泛宣传抗洪抢险自救知识,增强群众抗洪减灾的防范意识和安全意识。要广泛联系和动员社会各界人士,多渠道听取基层群众的呼声、诉求和愿望,做好正面引导、化解矛盾、团结鼓劲的工作,帮助受灾群众树立信心、提振精神,积极自救、重建家园。

洪水无情人有情,危难时刻见本色。让我们在市委、市政府的坚强领导下,携手同心、众志成城,凝聚起磅礴力量,为夺取全市抗灾救灾全面胜利作出积极贡献!

2018 年 8 月 29 日

 贺电

贺电是为了赞颂接电方在某方面所开展的行动而拟定送达的礼仪类文书。通常情况下,可以用书面的方式送达,也可以在媒体上公开发布。

23.9.1　贺电的写作要领

贺电主要是对某单位或个人所取得的成绩表示祝贺或者庆贺的电报。这种文书的用语一般比较平实精练,篇幅一般比较短小。贺电一般由标题、称谓、正文、落

款等部分组成，如表23-9所示。

表23-9 贺电的关键点

要素		写作要求
标题		贺电的标题是直接写文种，即《贺电》
称谓		写清楚受文对象的名称，可以在名称后面加尊称，如"先生""女士"等，也可以在名称前面加修饰语，如"尊敬的""敬爱的"等
正文	开头	概括说明发贺电的缘由和背景，并对受文者表示祝贺
	主体	充分肯定和热情赞扬对方取得的主要成就，以及取得成就的根本原因和重大意义，并给出肯定性的评价
	结尾	以热情鼓励的话语为主，并提出希望和祝愿
落款		要将拟制贺电的单位名称和主要负责人的姓名及成文日期写清楚，并加盖公章

23.9.2 范文

范例23-11 贺电

中共中央 国务院 中央军委
对探月工程嫦娥四号任务圆满成功的贺电

探月工程嫦娥四号任务指挥部并参加探月工程嫦娥四号任务的全体同志：

在探月工程嫦娥四号任务取得圆满成功之际，中共中央、国务院、中央军委向参加这次任务的全体科技工作者、干部职工、解放军指战员，表示热烈祝贺和亲切慰问！

嫦娥四号任务是我国探月工程四期的首次任务，在人类历史上首次实现了航天器在月球背面软着陆和巡视勘察，首次实现了月球背面同地球的中继通信，并与多个国家和国际组织开展了具有重大意义的国际合作。这是在以习近平同志为核心的党中央亲切关怀和坚强领导下，航天战线坚持自力更生、自主创新取得的又一重大成就，是我国由航天大国向航天强国迈进的重要标志之一，是新时代中国人民攀登世界科技高峰的新标杆新高度，是中华民族为人类探索宇宙奥秘作出的又一卓越贡献。工程全线以习近平新时代中国特色社会主义思想和党的十九大精神为指引，大力实践"追逐梦想、勇于探索、协同攻坚、合作共赢"的探月精神，以实际行动落实创新驱动发展战略、推动构建人类命运共同体，对于进一步增强我国经济实力、科技实力、民族凝聚力和国际影响力，激励全党全军全国各族人民朝着党的十九大描绘的宏伟蓝图阔步前进，具有重要意义。祖国和人民将永远铭记你们的卓越功勋！

探索浩瀚宇宙、和平利用太空，是全人类的共同梦想。以嫦娥四号任务圆满成功为标志，我国探月工程四期和深空探测工程将全面拉开序幕，今后的任务更加艰巨，面临的挑战前所未有。希望航天战线全体同志更加紧密地团结在以习近平同志为核心的党中央周围，以习近平新时代中国特色社会主义思想为指导，全面贯彻党的十九大和十九届二中、三中全会精神，树牢"四个意识"，坚定"四个自信"，坚决做到"两个维护"，弘扬"两弹一星"精神和载人航天精神，不忘初心、砥砺奋进，大力推进航天强国建设，为实现中华民族伟大复兴的中国梦，为推动构建人类命运共同体再创佳绩、再立新功！

中共中央
国务院
中央军委
2019 年 1 月 11 日

 讣告

讣告是用于报丧的一种文书。它可以通过媒体公开发布，也可以在特定范围内进行周知时使用。

23.10.1 讣告的写作要领

讣告通常在报丧时使用，是告知某人去世消息的一种丧葬应用文体。讣告可将逝者的信息告知其亲属、亲朋等，也可通过媒体向全社会发布逝者的相关信息。讣告一般由标题、正文、落款等部分组成，通常可分为一般式讣告、公告式讣告、新闻式讣告等类型，其写作关键点分别如表 23-10、表 23-11、表 23-12 所示。

表23-10 一般式讣告的关键点

要素	写作要求
标题	格式有两种：一种是直接写文种，即《讣告》；另一种由"死者姓名＋文种"构成，如《××讣告》
正文	主要写明什么时候、什么地方、什么人去世等。一般要将死因写清楚。如果是病逝，则要说明病名及抢救情况。同时，要将殡葬的时间、方式写清楚，最后要交代追悼会地点
落款	要写明拟制讣告的单位名称及成文日期

表23-11 公告式讣告的关键点

要素	写作要求
标题	为了显示庄严和隆重，其标题通常由"发出公告或宣告的单位名称＋死者姓名＋文种"构成
正文	一般由国家或者国家级单位发布，随同讣告一起发布的可能会有丧事安排、治丧委员会组成情况等。在写法上，与一般式讣告相同
落款	要写明拟制讣告的单位名称及成文日期

表23-12 新闻式讣告的关键点

要素	写作要求
标题	一般直接写文种，即《讣告》二字
正文	这种讣告以新闻的形式公布在报纸上，以使全社会周知。拟制时，需要将发布讣告的单位与逝者的关系写清楚。有时，逝者的生平事迹会和遗像一起发布。这种讣告的发布必须按照相关规定进行，不能随意刊登
落款	要将拟制讣告的单位名称及成文日期写清楚

23.10.2 范文

范例23-12 讣告

讣 告

中国共产党的优秀党员、忠诚的××卫士××、××、××、××、××、

××、××和××同志，肩负国家使命，在××时突遇地震，于北京时间2010年1月13日5时56分壮烈牺牲。

兹定于2010年1月20日（星期三）上午9时，在××举行××遗体告别仪式。

××
2010年1月18日

 介绍信

介绍信是向接信方介绍某人基本情况的书信，一般情况下，有专门的表格样式，直接填写就行。

23.11.1 介绍信的写作要领

介绍信主要用于某单位派专人前往别的单位对洽工作、商谈业务、研究问题、开展学习共建活动或者出席相关会议时使用。介绍信必须如实、准确地填写被介绍人的姓名、事由、有效期等关键性内容，并必须加盖单位公章。有的时候，被派遣人或者所涉及的相关事由存在涉密的问题，就必须将被派遣人的职务、性别、政治面貌甚至年龄等情况写清楚，同时注明介绍信的有效期。

常见的介绍信有两种格式：一种是填写式，这种介绍信通常提前拟制成统一的表格样式；另一种是书信式，其格式与一般的书信类似，多用"此致""敬礼"等敬语结束全文。介绍信主要由标题、正文、落款等部分组成，如表23-13所示。

表23-13 介绍信的关键点

要素	写作要求
标题	直接写文种，即《介绍信》
受文单位名称	按照正常书信格式，在标题下方、正文上方，顶格书写受文单位的名称
正文	主要写清楚被介绍人的相关情况、涉及的相关工作等，并用"望接洽为盼""此致""敬礼"等敬语结尾
落款	按照正常公文的格式，在正文的右下方，注明拟制介绍信的单位名称、成文日期等相关信息，并加盖本单位公章。公章要上压单位名称，下压发文日期

23.11.2 范文

范例 23-13 表格式介绍信

这种介绍信通常提前设计成统一的表格，当有需要的时候直接填写即可。

| 存根：

介字第_____号
_____等_____位同志
前往_____ | 骑缝盖章 | 介绍信
　　　　　　　　　　介字第_____号
_____：
　兹介绍_____等_____位同志前往
_____处办理_____事宜。
望接洽为盼。
　　　　　　　　　　单位（公章）
　　　　　　　　　　××年××月××日 |

范例 23-14 书信式介绍信

介绍信

××有限公司：

　　因我公司参加××项目招标，兹介绍我单位××同志，身份证号：××，前往办理××相关事宜，望接洽为盼！

　　此致

敬礼

××公司（公章）

××年××月××日

 推荐信

推荐信是发信方写给接信方，用于推荐某人担任某职务或参与某项工作的书信。

23.12.1 推荐信的写作要领

推荐信通常在人员调动、推举推荐相关人员担任某个职位等情形时使用，一般由本单位办公室拟制，并加盖单位公章。

推荐信与介绍信最明显的区别在于：推荐信所推荐的人员一般是离开本单位，前往被推荐单位任职；而介绍信则是临时派遣人员到被介绍单位商洽工作或者办理业务。

在写法上，推荐信一般要先用一些客气的话语对被推荐单位表示尊敬和友好。然后，介绍被推荐人的相关信息，包括被推荐人的姓名、年龄、职务、职称、工作成绩、获得的奖励等。这样做是为了使被推荐人获得被推荐单位的好感，提高成功的概率。最后要对被推荐单位表示感谢，希望被推荐单位能够接收被推荐人并加以培养等。

常见的推荐信有单位出具的推荐信和自荐信两种。

推荐信主要由标题、受文单位、正文、落款等部分组成，如表23-14所示。

表23-14　推荐信的关键点

要素	写作要求
标题	可直接写文种，即《推荐信》
受文单位名称	按照正常书信格式，在标题下方、正文上方，顶格书写受文单位的名称
正文	正文主要写清楚被推荐人的相关情况、工作表现、获得的奖励、本单位对被推荐人工作情况的肯定等。并用对被推荐单位的表扬、赞许及"此致""敬礼"等类似的敬语来结语
落款	按照正常公文的格式，在正文的右下方，注明拟制推荐信的单位名称、成文日期等相关信息。并加盖单位公章，公章要上压单位名称，下压发文日期

23.12.2 范文

范例23-15　单位推荐信

单位推荐信通常由单位出具，加盖单位公章。

推荐信

××单位：

　　××毕业于××学院××专业，现从事××工作。该同志任职以来，在工作岗位上勤勤恳恳，兢兢业业，能全面熟练地履行职务职责，表现出了良好的职业道德和工作作风，显示了较高的业务水平、较强的团队协作能力。

　　政治素养方面……

　　业务能力方面……

　　工作业绩方面……

　　贵单位是目前××方面的核心企业，派该同志前往贵单位任职深造对该同志来说是一次很好的人生机遇。该同志××，有较强的工作责任感，参加工作以来，始终从事本专业工作，已积累了丰富的专业理论及实践经验；同时，还认真钻研业务，不断自我更新、自我积累……任现职以来考核为优秀，已具备……任职条件。望贵单位能接纳并继续对其教育培养，以期××同志能够在新的工作岗位上作出更高更好的贡献。

××公司（公章）
××年××月××日

范例 23-16　自荐信

自荐信

尊敬的××（单位名称）领导：

　　您好！

　　首先，非常感谢您能从百忙中抽出时间来看我的自荐信。

　　我非常希望能够加入贵单位，为更好地发挥自己的才能，实现自己的人生价值，谨向各位领导作一自我推荐。

　　我叫××，性别××，出生于××年××月××日，毕业于××，所学专业为××，毕业后在××实习××，积累了××方面的丰富知识。

　　在校学习期间，我……实习期间，我……

我非常热爱××事业,殷切期盼能够在您的领导下为这一光荣的事业添砖加瓦。

此致

敬礼!

××

××年××月××日

 批评信

批评信是针对某方面工作失误而向失误方提出批评意见的书信。

23.13.1 批评信的写作要领

在实际生活和工作中,批评信的应用相对较少。它通常用于对某单位或者某个人在某方面的工作失误或是错误的思想、行为提出批评意见,要求其及时纠正,并以此警示他人。有时,它也用于剖析评定某种理论或者某事务存在的不足之处。在拟制时,语言要有分寸,态度要鲜明。

批评信主要由标题、正文、落款等部分组成,如表23-15所示。

表23-15 批评信的关键点

要素	写作要求
标题	格式有两种:一种是直接写文种,即《批评信》;第二种由"事由+文种"构成,如《关于××的批评信》
称谓	顶格书写被批评人的姓名或单位名称,如果批评的是个人,应在姓名之后加上"同志""先生"等字样
正文	写清楚被批评事项的具体情况,包括原因、依据、事实情况等。条理要清晰,内容要客观真实,表达要准确,以达到让人接受的目的。结尾处通常要提出意见或建议,以警示他人,惩戒不足
落款	按照正常公文的格式,在正文的右下方,注明拟制批评信的单位名称、成文日期等相关信息

23.13.2 范文

范例 23-17 批评信

批评信

××同志：

因你在工作中擅离职守，玩手机打游戏，导致××，酿成了严重的××，现在对你提出批评，并扣除一个月奖金，望你能够及时吸取教训，认真工作。

××
××年××月××日

23.14 悼词

悼词是在追悼会上对逝者表示哀思时使用的一种讲话类文章。

23.14.1 悼词的写作要领

悼词是在追悼会上对逝者表示哀思的时候使用的。悼词主要由标题、正文等部分组成，如表 23-16 所示。

表 23-16　悼词的关键点

要素	写作要求
标题	主要有两种：第一种由"事由+文种"构成，如《在××追悼会上的悼词》；第二种由"发言人姓名+事由+文种"构成，如《××在××同志追悼会上的悼词》
正文	写清楚开追悼会的目的，介绍逝者的生平事迹，表达对逝者的哀思，号召人们向逝者学习等。用语上要以表示悲痛为主，体现庄重、严肃的氛围

23.14.2 范文

范例 23-18 悼词

××在××同志追悼大会上致悼词

各位亲友,各位来宾:

今天我们怀着沉痛的心情深切悼念离休干部××同志。××同志因病于××年××月××日在市人民医院与世长辞,享年79岁。

××同志××年××月生于××省××。××年××月加入××纵队,参加革命工作,并先后在××、××工作。转地方后,先后在××省商务厅、××地区商业局工作;××年6月调入××地区工作,曾任××;××年××月调任××县委常委、革委会副主任;××年××月离职休养,享受局级干部待遇。

在革命战争年代,××同志是一名勇敢的战士,经受了枪林弹雨的洗礼。新中国成立后,他一直从事财经管理工作,参加过××后勤会计培训班学习,以及在××接受过正规的财经理论教育,有良好的财经理论基础。

××同志在担任××县委常委、县革委会副主任期间,分管财贸工作。他与县委其他领导同志一道,带领全县财贸战线的干部职工,艰苦奋斗,克服困难,搞好财政、粮食、商贸工作,保障全县的生活物资供应。

……

××同志一生勤奋好学,严格要求自己,以全心全意为人民服务为己任,不忘党性,老老实实做事,清清白白做人。生活上,他艰苦朴素,克勤克俭,从不铺张浪费,在领导和同事面前,不居功、不自傲。他严格要求自己的子女,严格执行党的政策,从不搞特殊化,不给组织找麻烦,体现出了一个革命军人和国家干部的高风亮节。

青山永在,英名长留。××同志的逝世,使我们失去了一位好同志。他虽离我们而去,但他那种顾全大局、为特区建设事业勤勤恳恳、忘我工作的拓荒牛精神,那种艰苦朴素、勤俭节约的优良作风,那种为人正派、刚正不阿的高尚品德,仍值得我们学习和记取。我们要化悲痛为力量，努力做好离休干部管理服务工作，贯彻落实离休干部政治、生活待遇，以告慰××同志在天之灵。

××同志安息吧！

 唁电

唁电是在不能到现场参加追悼会时使用的，用于对逝者家属表示关心慰问的书信。

23.15.1 唁电的写作要领

通常情况下，当本人或者本单位不能派人前往现场参加逝者的吊唁时，会采取发送唁电的形式，表达对逝者家属的关心和问候。

唁电主要由标题、称谓、正文、落款等部分组成，如表23-17所示。

表23-17　唁电的关键点

要素	写作要求
标题	可直接写文种，即《唁电》
称谓	顶格书写收唁电的单位或逝者家属的称呼。要根据唁电者的身份来选用称呼，如"先生""同志""夫人"等
正文	主要以悲痛的心情，简述逝者的生平事迹，表达对逝者的缅怀、思念之情，并向逝者家属表示深切的慰问。结尾通常用"谨对××表示沉痛哀悼，并诚挚地转达我们对××同志亲属的深切慰问"之类的语句结束全文
落款	按照正常公文的格式，在正文右下方，写明拟制唁电的单位名称、成文日期

23.15.2 范文

范例23-19　唁电

唁电

××：

惊悉××同志不幸逝世，我代表××，并以我个人的名义，向你并通过你向

××，对××同志的逝世表示最沉痛的哀悼。我们为他的逝世深感悲痛。

××同志是××，为××事业作出了重要贡献。××同志作为××的亲密同志和朋友，致力于继承和弘扬××传统友谊，积极推动××全面战略合作伙伴关系发展。

我相信，在××同志坚强领导下，××必将化悲痛为力量，在××事业中不断取得新的成就。

请向××同志家属转达我最深切的慰问。

××
××年××月××日